고령화로 인한 미래유망산업분석보고서 2025개정판

저자 비피기술거래 비피제이기술거래

Aging Industry

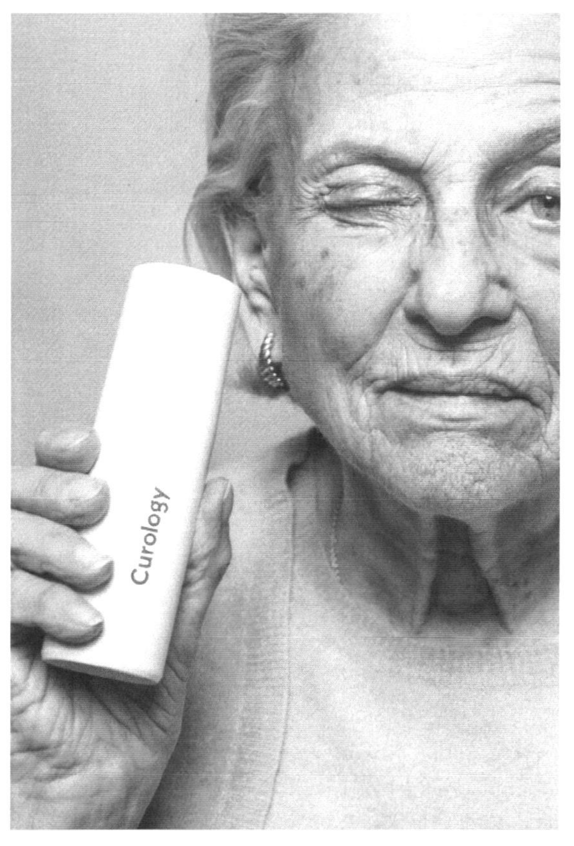

2025

㈜ 비티타임즈

01

1. 서론

[그림 2] 시니어 산업

 한국의 65세 이상 고령인구는 973만으로 고령화비율 19%를 달성하여 이미 한국은 고령사회로 접어들었다. 또한 빠른 성장세를 보여 2025년에는 고령화비율 20%를 달성하여 초 고령사회에 진입할 것으로 전망된다. 이처럼 한국은 유래 없이 빠르게 초 고령사회를 향해 달려가고 있다. 만약, 시장의 타겟 집단의 크기와 시장이 비례한다면 한국의 시니어산업은 유래 없이 빠르게 성장할 것이라는 말과 다름이 없다.

 '나이는 숫자에 불과하다.' '인생은 60부터' 등 전 세계적으로 고령화 사회가 도래함에 따라, 시니어의 경쟁력을 보여주는 여러 문구들이 등장하고 있다. 또한 과거 60대와 현재의 60대를 비교해보기만 하더라도 큰 변화를 느낄 수 있다. 한국의 고도성장기와 함께 일해 온 요즘 시니어들은 경제력이 탄탄하고 고학력에 가치관도 다양하다. 또한 산업화·민주화 덕에 부모보다 부유해진 마지막 세대라는 점에서 소비스타일 또한 이전과는 확연히 다른 양상을 보이고 있다.

 이처럼 폭발적으로 늘어난 경제력과 구매력을 가진 노인인구와 출생자보다 늘어나는 사망자는 시니어산업에 있어서 장기호황의 시작이다. 따라서 우리는 지금부터 뉴 시니어 세대의 경제적 특징을 이해하고 현황을 파악하면서 관련 산업들에 대해 분석해 장기적인 호황이 예상되는 시니어산업에 대해 살펴보고자 한다.

---

1) 한화생명 블로그

02

시니어산업 개요

2. 시니어산업 개요

가. 시니어산업[2]

2050년, 이스라엘을 제외한 모든 OECD 가입국이 초 고령사회[3]로 진입할 것으로 전망된다. 2022년 기준 일본의 65세 이상 고령인구 비중은 3627만 명 29.1%로 전 세계에서 가장 높은 수준이며, 약 24년 후, 2045년 우리나라의 고령화 율은 약 37%에 도달해 고령화 수준이 일본보다도 심화될 것으로 예상된다.

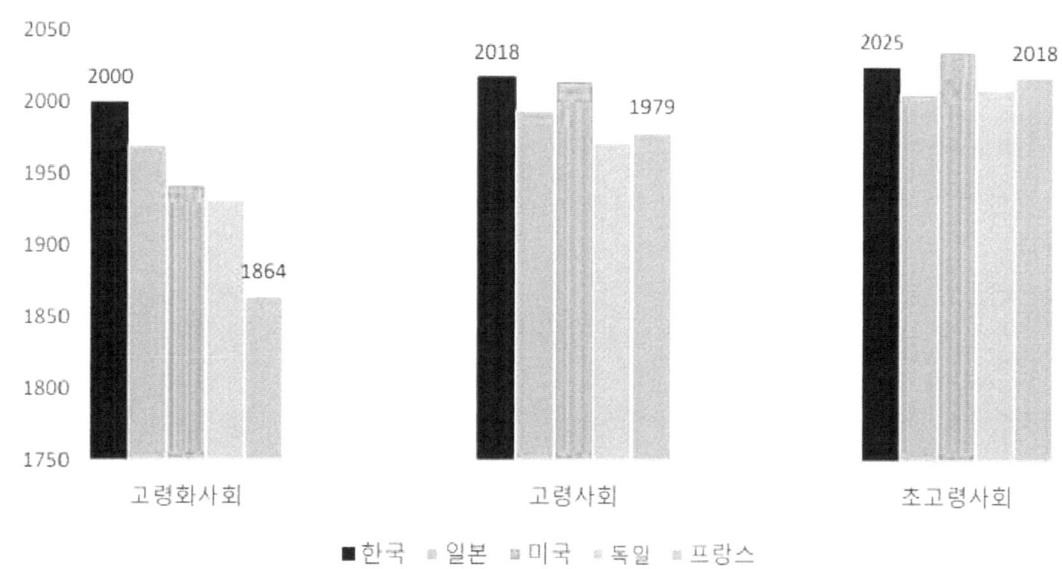

[그림 4] 주요국의 인구 고령 단계 도달시기(연도)

프랑스는 가장 먼저 고령화 사회(1864년)를 경험하며 고령사회(1979년)에 도달하기까지 115년, 고령사회에서 초 고령사회(2018년)까지 39년이 소요되었다. 반면, 우리나라는 2000년 고령화 사회 진입 후 2018년 고령사회까지 18년 소요, 고령사회에서 2025년 초 고령사회까지 7년 소요될 것으로 예상된다.

---

2) 인구구조 변화와 부동산시장, 이지스자산운용
3) 고령사회 기준(65세 이상): 연소인구사회(0%이상-4%미만), 성숙인구사회(4%이상-7%미만), 고령화사회(7%이상-14%미만), 고령사회(14%이상-20%미만), 초고령사회(20%이상)

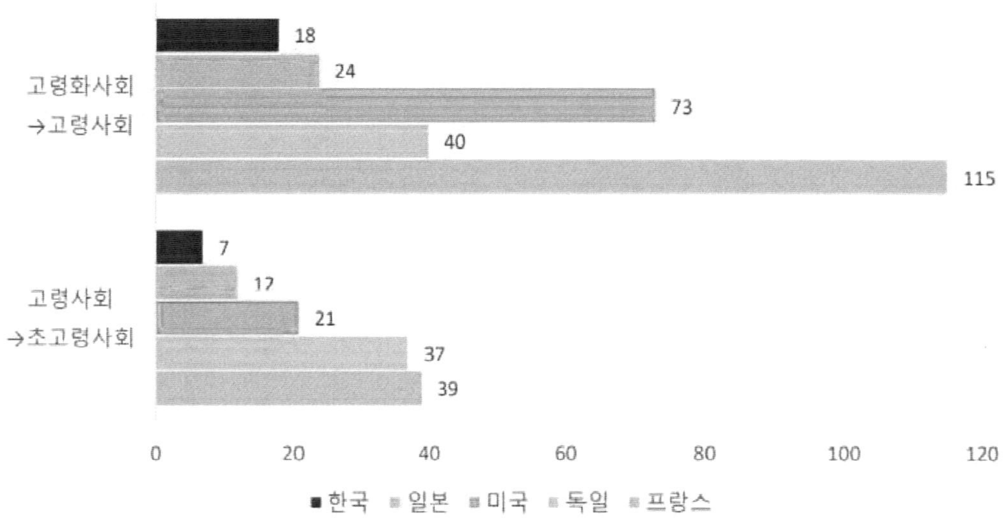

[그림 5] 주요국의 고령화 진행 소요연수(연)

국내의 경우 2017년부터 생산 가능인구(15~64세) 감소를 시작으로 향후 10년(2021-2030년)간 생산가능인구가 연평균 0.7%p씩 줄어들 것으로 예상된다. 또한, 2020년 데드크로스 발생 이후 고령화가 더욱 가속됨에 됨에 따라 총부양비 지속 증가, 생산가능연령층의 경제적 부담이 커져 사회구조적 변화가 요구된다.

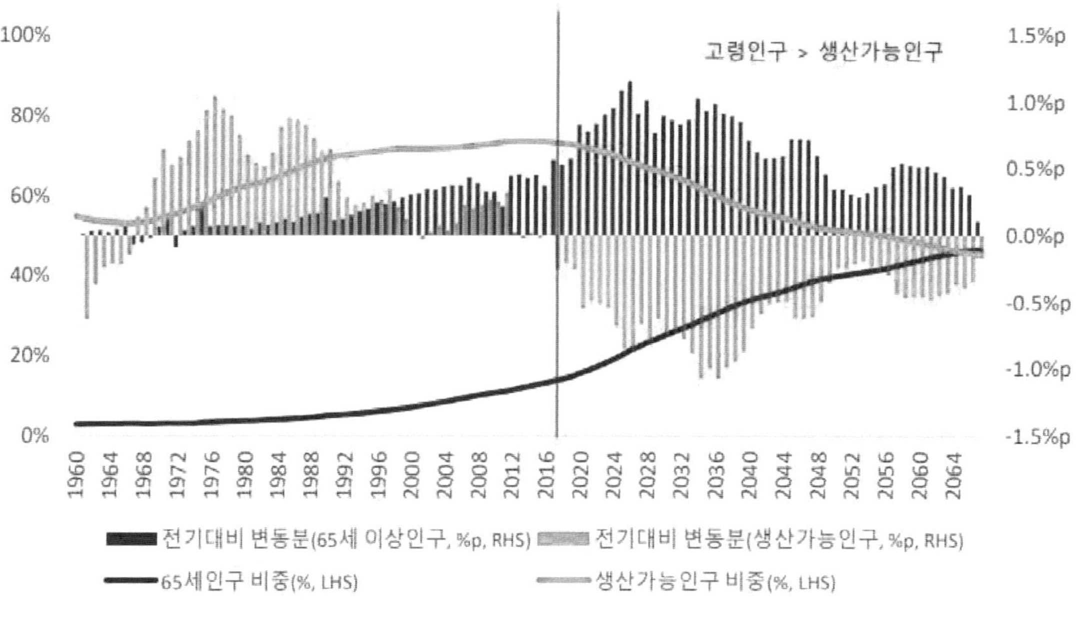

[그림 6] 65세 인구와 생산가능인구 비중 추계(1960-2065)

고령화 진행과 더불어 의료비는 2021부터 2025년까지 연평균 8.6%p, 이후 2026부터 2030년까지 5년 동안 연평균 9.8%p 증가할 것으로 보이며, 그 상승폭은 점점 더 커질 것으로 예상된다.

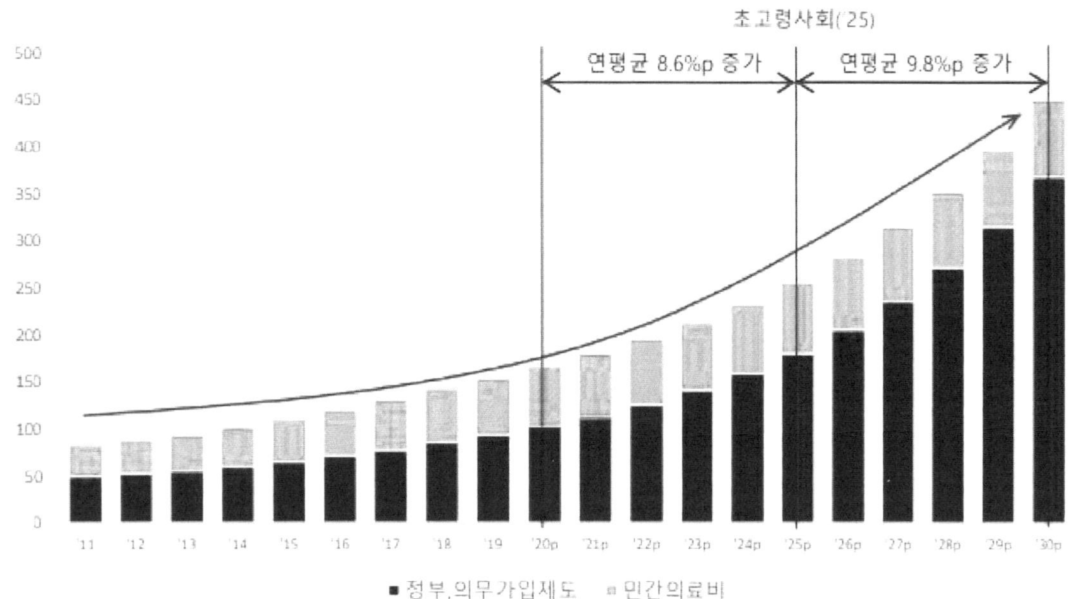

[그림 7] 경상의료비 추계(2020-2060, 조원)

반면, 공적연금은 2038년 최대 규모 적립 후 감소세로 전환, 그 중 가장 큰 비중을 차지하는 국민연금은 약 35년 후 완전 소진이 예상됨에 따라 향후 고령층의 수혜 난항 불가피하다.

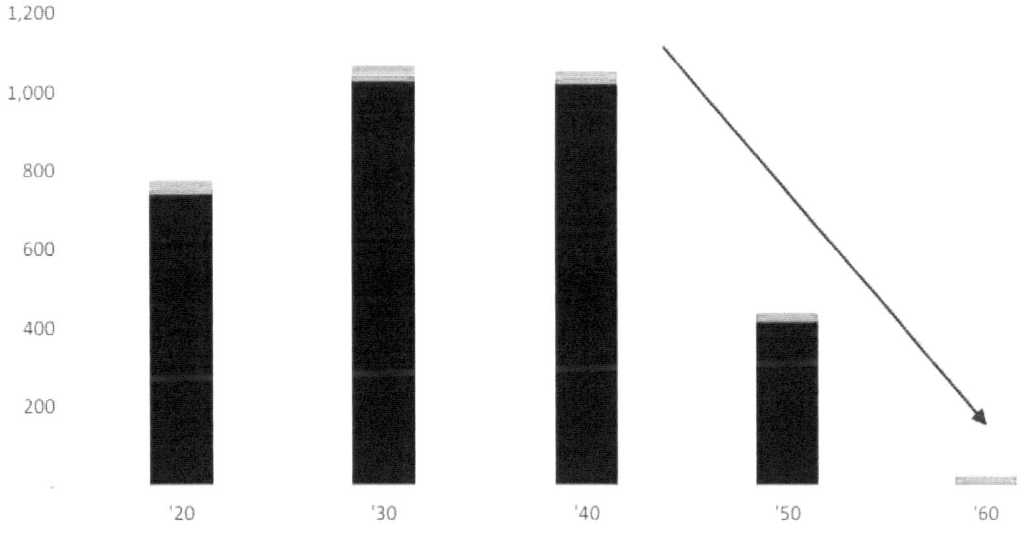

[그림 8] 4대 공적연금 적립규모 추계(2020-2060, 조원)

나. 장례 산업[4]

통계청이 발표한 '2023년 인구동향조사 출생·사망통계'에 따르면 2023년 기준 우리나라 전체 사망자수는 35만 2,700명으로 전년대비 5.4%가 감소한 것으로 집계됐다. 또한 2023년 기준 출생아수는 전년대비 7.7% 줄어 23만 그쳤다. 연간 사망자수가 출생아수를 넘어서는 인구 자연감소 현상이 나타나고 있으며, 2023년 사망자수는 80세 이상에서 전년대비 남자는 1.3%, 여자는 6.9% 감소했다.

* 연령 미상 포함 (단위: 천 명, %)

연도\n연령	전체			'22년대비		남자			'22년대비		여자			'22년대비	
	2013	2022	2023p	증감	증감률	2013	2022	2023p	증감	증감률	2013	2022	2023p	증감	증감률
전체*	266.3	372.9	352.7	-20.2	-5.4	146.6	196.5	189.0	-7.4	-3.8	119.7	176.5	163.7	-12.8	-7.2
0세	1.3	0.6	0.6	0.0	5.0	0.7	0.3	0.3	0.0	3.4	0.6	0.2	0.3	0.0	7.1
1-9세	0.6	0.4	0.3	-0.1	-22.1	0.4	0.2	0.2	-0.1	-25.6	0.2	0.2	0.1	-0.0	-17.8
10-19세	1.1	0.8	0.8	0.0	0.2	0.7	0.5	0.4	-0.0	-7.8	0.4	0.3	0.4	0.0	12.2
20-29세	2.8	2.8	2.6	-0.1	-4.2	1.9	1.7	1.7	0.0	0.6	0.9	1.0	0.9	-0.1	-12.1
30-39세	6.3	4.4	4.3	-0.1	-2.5	4.1	2.9	2.8	-0.1	-3.7	2.2	1.6	1.5	-0.0	-0.3
40-49세	15.3	11.5	10.7	-0.8	-7.1	10.8	7.6	7.0	-0.6	-7.8	4.4	4.0	3.8	-0.2	-5.6
50-59세	29.8	26.3	25.3	-1.1	-4.0	22.1	19.0	18.0	-0.9	-4.9	7.7	7.4	7.2	-0.1	-1.8
60-69세	35.7	49.0	47.4	-1.6	-3.2	25.3	35.3	34.3	-1.0	-3.0	10.4	13.7	13.2	-0.5	-3.7
70-79세	74.1	76.6	70.1	-6.5	-8.5	44.5	49.0	45.5	-3.5	-7.1	29.6	27.6	24.6	-3.0	-10.9
80-89세	73.7	139.1	133.0	-6.0	-4.3	29.7	64.3	63.5	-0.8	-1.3	44.1	74.8	69.6	-5.2	-6.9
90세이상	25.6	61.4	57.4	-4.0	-6.5	6.5	15.7	15.3	-0.4	-2.3	19.1	45.7	42.1	-3.6	-7.9

표 1 성별, 연령별 사망자 수

2023년 인구 1000명당 사망자수를 나타내는 조사망률의 경우 6.9명으로 전년 7.3명 대비 약 5.4% 감소했다.[5]

---

4) 출처 : 조선일보 홈&리빙 2014.02.27.기사
5) 통계청(2022) 「2022년 6월 인구동향조사」

살펴본 바와 같이 우리나라의 사망자수는 향후 꾸준히 증가할 것으로 전망된다. 인구구조에서 가장 많은 인구분포를 보이는 베이비부머 세대들이 국민 평균수명인 83.3세에 이르는데 까지 앞으로 20여년이 남았고, 그때까지는 꾸준히 증가할 것으로 예상되는 탓이다. 때문에 복수의 상·장례업계 관계자들은 사망자수 증가에 따라 산업의 규모가 이러한 시점과 맞물려 더욱 커질 것으로 예상하고 있다. 상조회사의 경우 현재에는 장례 상품 가입이 어느 정도 포화를 맞았으나 행사가 꾸준히 발생할 것으로 전망되면서 여전히 강력한 주류 상품으로 득세할 전망이다.

또한 인구가 집중돼있는 수도권뿐만 아니라 고령층 인구가 다수인 지방에서도 앞으로 사망자수 증가에 따른 장례 산업 전반에서의 탄력이 나타날 것으로 보여 진다.

특히 고령인구 비율이 20%를 넘는 강원·전북·전남·경북의 경우 고령자 인구만 각각 32만 명, 39만 명, 44만 명, 58만 명으로 집계 된 만큼, 각 지역의 장례식장도 수급 불균형 문제가 다소 해소될 것으로 보인다.6)

장례 산업은 상조 서비스, 장례식장, 장묘산업, 기타 유관산업 등으로 구분할 수 있다. 매출액을 기준으로 살펴보면 장묘산업이 차지하는 비중이 전체 40%, 상조 서비스와 기타 유관산업 비중은 30%, 장례식장이 30%를 차지하고 있다. 그중에서 상조 서비스업의 성장 속도는 장묘, 장례식장을 앞서는 모습이다. 30여 년 전 일본에서 유입돼 부산, 경남 권을 중심으로 커온 상조 산업은 장례식장이 주도하던 장례의전, 장례용품분야까지 확대되면서 소비자들의 선택 폭을 넓히고 있다. 최근 등장한 프리니드(Pre-Need)는 사후 관리에 초점이 맞춰진 현 방식과 달리 사망 전 미리 준비하는 성격이 짙다. 아름답고 행복한 죽음을 뜻하는 웰 다잉(Well-dying)과 비슷한 개념이다.

[그림 9] 노인들이 프리니드 서비스에 대해 듣고 있는 모습

---

6) 기획/ 사상 첫 인구 '데드크로스'…상·장례산업 전망은, 상조매거진, 2021.08.02

프리니드의 등장은 관련 산업의 중심축이 공급자에서 소비자로 이동하고 있음을 의미한다. 가족, 친지가 사망하거나 임종 직전까지 가야 제품을 구매하는 기존 방식(At Need)은 구매를 결정하는 시간이 길지 않아 공급자가 주도권을 가질 수밖에 없는 구조였다. 통상적으로 치러지는 3일 동안에 장례식장 부터 매장지, 사망관련 행정처리, 조문객 접대 등을 상품별로 가격을 비교해가며 고른다는 것은 사실상 불가능했기 때문이다. 소비자원이나 공정위에 접수 된 장례산업 불만족 조사에서 장례 기업들의 횡포가 가장 많은 수를 차지한 것도 주도권이 공급자에게 있었기 때문이다.

다. 시니어산업의 필요성[7)]

고령화 및 이와 관련하여 향후 10~20년간에 걸쳐 예상되는 변화와 이러한 변화에 대응한 시니어산업 발전의 필요성을 살펴보면 다음과 같다.

① 노인인구의 급속한 증가

우리나라의 노인인구 증가율은 세계적으로 유례를 찾기 어려울 정도로 빠르다. 특히 85세 이상의 초 고령 노인의 증가율은 더욱 빨라 의료 서비스와 더불어 수발서비스도 크게 필요하게 될 것이다. 따라서 노인들에 대한 다양한 문제와 욕구를 가족이나 국가가 해결할 수 없게 되고 필요한 서비스를 시장에서 구입하지 않을 수 없게 될 것이다.

② 자녀와의 별거 노인 증가

자녀 측뿐만 아니라 노인 측에서도 별거를 선호하는 경향이 두드러지고 있다. 별거하는 노인은 건강이 나빠진다 해도 다시 자녀와 동거하는 것이 쉽지 않을 것이다. 따라서 별거노인에게 필요한 여러 가지 건강보호 관련 서비스와 노인이 편하게 살 수 있도록 설계된 노인전용주택도 많이 필요하게 되고 소위 실버타운 같은 노인집단 주거시설도 많이 필요하게 될 것이다.

③ 전통적 가치관의 약화와 가족원 수의 감소

앞으로 전통적인 가치관인 가족주의와 경로효친의 가치관이 계속 약화되고, 여성의 출산율 저하로 가족원 수도 줄어드는 데다 여성의 경제활동 및 사회활동은 크게 늘어날 것이므로 예상된다. 따라서 가족이 노인을 보호하기 점점 더 어려워지기 때문에 가족의 역할을 일시적 또는 장기적으로 대신할 서비스의 개발이 필요하게 될 것이고 이에 따라 다양한 서비스가 시장에서 공급될 수밖에 없을 것이다.

---

7) 고령화 사회의 실버산업 육성방안, 고령화 사회의 국토정책 방향

④ 고령화로 인한 요보호 노인의 증가

 고령화로 인해 80세 이상 또는 85세 이상의 초고령 노인이 크게 증가하여 보호(수발)를 필요로 하는 허약노인, 거동불능노인, 치매노인, 독거노인 등이 급증할 것이다. 또한 고령이 될수록 치매 출현율도 높아져 80세 이상이면 대체로 3분의 1 이상이 되어 치매노인을 보호하는 일도 가족에게 큰 부담이 될 것이다. 따라서 노인의 건강보호욕구나 보호(수발) 업무를 담당할 전문인력과 전문적 재가 서비스 수요도 크게 늘어날 것이다. 노인이 필요로 하는 서비스를 시장에서 구입하려면 국가의 의료보험이나 장기요양보험으로 해결되지 않는 것이 많아 별도의 비용이 소요될 것이다.

⑤ 가족의 노인보호 기능의 약화

 산업화, 소출산화, 소가족화, 핵가족화, 여성의 사회참여 증가 등으로 가족이 노인을 보호(수발)할 수 있는 기능이 줄어들 것이므로 가족 이외의 사람들에게 다양한 수준의 서비스를 받을 수밖에 없을 것이다.

⑥ 노인문제와 욕구의 다양화

 노인문제는 모든 계층의 노인들에게 공통적으로 다양하게 나타나고 있고, 생활수준 향상으로 노인들은 보다 다양하고 수준 높은 서비스를 원하게 될 것이다. 그러나 국가에서 제공하는 서비스는 점차 다양해지는 노인들의 공통적 욕구를 만족시키는 데 있어서 한계가 있게 마련이고 특히 질 높은 서비스 제공은 어려워질 것이다. 따라서 일정한 수준 이상의 서비스는 개별적으로 비용을 지불하고 실버산업의 서비스로 경제시장에서 구입할 수밖에 없게 될 것이다.

⑦ 노인의 경제력 향상

 전반적 소득수준 향상에 따라 노인 개인 및 가구별 소득수준은 크게 향상될 것이므로 노인들의 구매력은 크게 높아질 것이다. 50대 이상을 실버산업의 대상인구로 생각한다면 노인들의 평균소득은 훨씬 높아질 것이다. 베이비부머(baby boomer: 1945년에서 1964년 사이에 태어난 사람들) 세대들이 이미 50대에 이르렀고 앞으로 베이비부머 세대들이 지속적으로 시니어산업의 대상인구로 편입될 것이다.

 외국의 경우를 보면 베이비부머 세대들은 평균소득이 높고 욕구도 다양하며 소비성향이 높다. 우리나라에서도 50대 이상은 대부분 노령연금보험을 수급하게 됨으로써 노후생활이 안정되고 일반적 소득수준과 구매력이 높은 소비집단이 될 것이므로 이들의 다양한 욕구에 대응하기 위해 시니어 산업의 발전이 이루어져야 할 것이다.

⑧ 국가의 복지재정 한계

1970년대부터 서구 복지국가에서 복지재정 증대의 한계를 경험하게 되었는데 사회복지예산 팽창의 가장 큰 원인은 노인인구의 급속한 팽창에 따른 노인복지 부문 예산의 증대였다고 할 수 있다. 따라서 서구에서는 경제력 있는 노인계층의 욕구 충족을 위한 서비스는 경제시장에서 해결하도록 하는 방향의 정책이 불가피하게 되었다.

우리나라에서는 향후 복지재징이 헌재보디 그게 팽창되어야 하지만 복지재정의 한계를 경험하게 될 것이 분명하다. 노인복지를 위한 국가의 서비스는 기본적이고 공통적인 욕구를 국민적 최저수준으로 만족시켜주는 정도에서 크게 벗어나기 어려울 것이고, 노인의 다양한 욕구에 대하여 보다 질 높고 만족스런 서비스는 개인적으로 시장에서 만족시킬 수밖에 없게 될 것이다.

라. 시니어산업분야 혁신사례[8]

1) 요양원 혁명

가) Eden Alternative

1994년 '빌 토마스(Bill Thomas)' 의사는 기존 요양원을 대규모 시설형태에서 소규모 주거형태로 전환하고, 거주 고령층들이 동식물, 지역사회 주민들과 쉽게 교류할 수 있도록 전환하는 요양원 운영 자문서비스기관인 '에덴 얼터너티브'를 설립했다. 미국 뉴욕에 있는 '체이스 메모리얼 요양원(Chase Memorial Nursing Home)'은 빌 토마스(Bill Thomas) 의사가 에덴 얼터너티브 운영모델을 처음 시작하게 된 곳이다.

[그림 10] 빌 토마스

에덴 얼터너티브에서는 자신의 집에 사는 것처럼 편하게 느낄 수 있도록 강아지, 고양이, 새 등 반려동물을 들여놓았고, 다양한 연령층과도 쉽게 만나 활동할 수 있도록 어린이집, 놀이 공간 등을 요양원 내 설치 운영했다. 또한 고령자중심 지역사회(Elder-centered Community)를 만들기 위해 에덴 얼터너티브는 가정돌봄기관인 에덴홈(Eden Home), 인지돌봄기관인 에덴 라이프롱 리빙(Eden Lifelong Living) 등으로 구분하여 운영하고 있다. 현재 에덴 얼터너티브는 미국을 포함, 영국, 호주, 독일, 스웨덴 등 세계 19개국으로 확대되어 활기차고 품격 있는 노후의 삶이 가능한 가정 같은 요양원 운영모델 자문서비스 및 교육서비스를 제공하고 있다.

---

8) 실버산업 해외사례와 활성화 전략, KIRI, 2020

[그림 11] 체이스 메모리얼 요양원

나) 아오이케어

아오이케어(Aoi care) 설립자 타다스케 카토는 요양원에 갇혀 살아가는 고령층의 삶에 충격을 받아 기존 요양원을 퇴사하고, 2001년 25세 나이에 자신이 구상한 새로운 요양원 아오이케어를 설립했다. 치매고령층이 거주하는 '치매고령자 그룹 홈'과 치매고령층이 낮에 방문하거나 원하는 경우 짧은 기간 거주하여 지역주민들과 소통할 수 있는 '개방 공간'으로 구성되어 있다. 개방공간은 지역주민들이 학교, 직장으로 이동하면서 접촉할 수 있는 거리에 있어 지역주민들이 고령층과 함께 차를 마시거나 놀이를 할 수 있다.

아오이케어는 기존 요양원이 지역사회와 고립됐던 단점을 극복하고, 지역사회와 물리적 접촉을 하고 함께 생활할 수 있게 함으로써 '제2의 가정'으로 변화하는 데 성공한 사례로 세계의 주목을 받고 있다.

또한, 아오이케어에서는 치매고령자들이 지역사회를 위해 자신이 직접 빵을 만들어 판매하거나 아이들과 놀이를 할 수 있어 가능한 한 오래 자신의 잠재력을 활용한 지역사회 참여활동이 가능하다.

[그림 12] 치매고령층을 위한 지역사회연계형 아오이케어

2) 개인맞춤형 고령자기술(Gerontechnology)
가) Care Angel

2016년부터 세계 최초로 음성인식 인공지능을 시니어 돌봄 서비스에 접목한 케어엔젤은 고령자의 건강상태, 약 복용, 안부 등을 질문하고 음성대답을 문자화하여 건강모니터링 자료로 활용한다. 또한 고령층의 건강문진 음성을 리포트 형식으로 작성하여 가족이나 돌봄 제공자의 스마트폰이나 컴퓨터로 정기적으로 전달한다.

케어엔젤의 인공지능 시스템은 고령층의 축적된 응답내용을 분석하여 위험에 처하거나 특별한 주의가 필요하다고 인식되면 응급 알람 메시지를 가족이나 의사에게 전달한다. 또한 케어엔젤은 시니어가 건강상태가 좋지 않아 즉각적인 도움이 필요하다고 판단되면 의사 방문 등을 위한 전화 연결 등의 서비스 또는 가상의료상담을 제공한다.

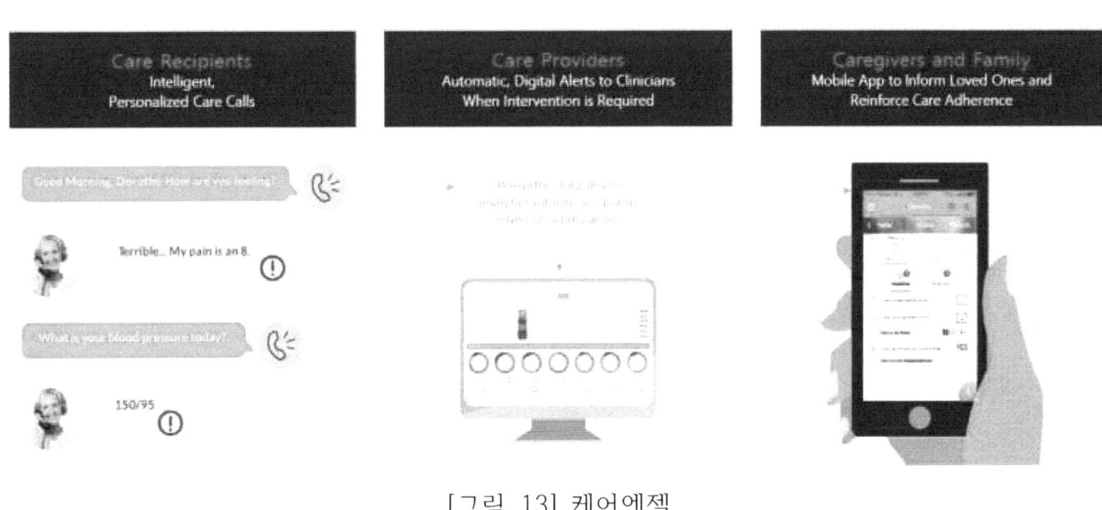

[그림 13] 케어엔젤

나) Rendever

2015년 2명의 MIT 경영대학교 재학생이 실버타운과 요양원에 거주하는 고령층의 무료함과 무력감 해소를 위해 가상현실을 활용한 여행 및 방문 등 가상현실 콘텐츠 개발사업을 시작했는데, 지난 5년간 미국, 캐나다, 호주 등 400개 이상의 고령시설에 가상현실 플랫폼을 도입해 100만 회 이상의 VR 체험을 제공한 실적을 보유했다.

Rendever는 이를 바탕으로 지난 2022년에는 TIME 잡지에서 선정한 가장 영향력이 있는 기업 100사에도 포함된 바 있다. 초기에는 신체 능력 저하로 거동에 어려움을 겪는 시니어를 위해 특별히 제작된 VR 콘텐츠를 중심으로 사용하였으나, 최근에는 건강한 고령층들이 복지관이나 지역사회에서 함께 즐길 수 있는 사회관계 증진 및 건강 증진 프로그램으로 확대되었다.

초기 콘텐츠는 그랜드 캐니언, 파리 등 관광지 중심 VR 콘텐츠를 개발하였는데 최근에는 VR 치매 치료에서 주목받고 있다.

Rendever의 플랫폼은 맞춤형 회상치료 도구를 이용한다. 시설 입주자가 어린 시절의 집, 결혼식장 등 추억의 장소를 다시 방문할 수 있도록 지원하는 방식이다. 플랫폼 사용 후 이용자의 40%에서 행복감이 향상됐고, 일부는 의사소통이 개선됐다는 사례도 보고됐다. 캘리포니아 대학의 Nancy Collins 빅사는 Rendever의 플랫폼을 사용 시 인지기능에 장애가 있는 고령자에게서 신뢰감이 개선돼 사회관계 구축 의지가 상승했다고 해석했다.

Rendever의 주요고객은 개인보다는 실버타운과 같은 기관들이며, 기관은 매달 30~400달러 구독료를 지불하면 태블릿, VR 기기와 VR 콘텐츠, 기술적 지원과 활용방법 등의 서비스를 받게 된다. 기관들은 고령층을 위해 기존 지출했던 활동프로그램 운영비용(강사료, 재료비 등)을 렌데버 기기 및 콘텐츠 활용 비용으로 사용하기 때문에 추가 비용에 대한 부담이 상대적으로 적다는 장점이 있다.

Rendever사는 미국 국립위생연구소(National Institutes of Health, NIH)나 미국 국립노화연구소(National Institute on Aging, NIA)로부터 연구자금을 지원받고 있으며, 노인단체인 미국 은퇴자 협회(American Association of Retired Persons, AARP)와 제휴를 체결하는 등 적극적인 사업 확대 행보를 걷고 있다.[9]

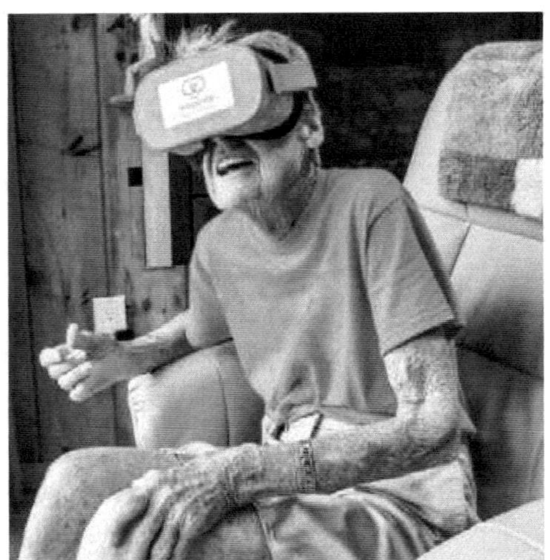

[그림 14] Rendever

---

9) 디멘시아뉴스 'VR치료, 이상행동 특효약? 세계는 가상현실 삼매경'

3) 세대통합형 주거환경
가) 고토엔

　고토엔은 1962년 설립된 재가요양보호센터 부지에 1976년 유치원이 설립되어 서로 교류가 생긴 이후 1987년 두 시설이 통합되면서 자연스럽게 아동과 고령층이 함께 생활하는 공간으로 변화해왔다.

　고토엔에서는 매일 등교하는 아이들과 고령층이 함께 아침 인사 및 운동을 한 후 각자 자신의 일과를 시작하고, 점심에는 고령자가 아이들에게 책을 읽어주거나 선생님과 함께 아이들을 돌보는 일을 수행한다.

　고령층은 아이들을 돌보면서 자존감과 독립감이 높아지고, 아이들은 어르신들의 경험과 돌봄을 통해 조부모나 친척이 멀리 살거나 없는 상황에서 어르신을 이해하고 배울 수 있는 장점이 있다. 아이들은 등교 이후 어르신들과 악수를 하거나 보드게임 등을 하면서 함께 고령자에 대한 부정적 이미지를 없앨 수 있고, 어르신들은 정신적·육체적으로 활동적인 생활을 할 수 있는 원동력이 생긴다.

　고토엔은 세대 간 공감을 통해 세대 간 가치와 중요성을 인지하여 저출산·고령사회가 직면한 사회적 돌봄문제를 해결하는 새로운 방법을 제공하고 있다.

[그림 15] 고토엔

나) 오가와촌

 고령화로 소멸위기에 있던 일본 나가노현 오가와촌이 전통음식 오야키를 활용한 6차 산업[10]
으로 마을기업이 생기고, 젊은 층도 유입되면서 세대통합마을로 변화했다. 특별한 자원은 없
었던 오가와촌은 1980년부터 전체인구의 40%가 고령층인 초고령 마을이었으나, 마을 전통 음
식인 '오야키'를 만들어 지역특산물로 유명해지면서 마을인구도 증가했다.

 오야키의 전통 맛과 모양을 기억하여 생산하는 50~90대 고령층과 판매 및 관리업을 하는
20~40대들이 함께 운영하면서 1986년부터 마을기업 오가와 노쇼를 만들어 운영하고 있다. 또
한, 오야키를 만드는 일본전통방식을 복원하고 외부 관광객을 위한 숙박시설 등을 완비하여
관광객들이 지역에 방문하여 직접 체험하고 주위 풍경을 관광할 수 있도록 조성했다.

[그림 16] 오기와촌

---

10) 6차산업: 농촌의 유무형 자원을 활용한 제조·가공의 2차산업과, 체험·관광 등의 서비스 3차산업의 융
　　복합을 통해 새로운 부가가치와 지역 일자리를 창출하는 개념

4) 생산적노화
　　가) Freebird Club

　여행을 즐기는 고령층이 증가하면서 기존의 에어비앤비(AirBnB)보다 고령자 친화적인 장소와
숙소가 요구되면서 50대 이상 시니어들이 생산자로서 자신의 집과 방을 제공하는 사업에 참
여하고 있다.

　프리버드클럽은 고령층 소비자를 누구보다도 더 잘 이해하는 고령층이 스스로 생산자가 될
수 있는 비즈니스 모델을 보여준 사례로, 고령층이 인터넷을 사용하지 않은 경우도 있어 전화
로 예약을 받을 수 있고, 여행자가 숙소를 결정하는 것이 아니라 여행자가 연락을 하면 집주
인이 여행자의 인적사항 등을 보고 숙박예약을 결정한다. 또한, 여행자를 친구로 받아들이는
고령층 집주인이 많아지면서 사회적 고립 해소에도 기여하고 있다.

[그림 17] Freebird club

나) Umbrella

2017년에 미국 뉴욕주에서 시작한 엄브렐라(Umbrella)는 60대 이상 시니어의 자립생활을 돕는 도우미 제공업체로 지역 내 은퇴한 고령층들도 자신의 전문성을 활용해 참여할 수 있다. 엄브렐라에 도우미로 참여하는 은퇴고령자는 엄브렐라 네이버스(Umbrella Neighbors)라고 불리는데 인터뷰와 범죄기록, 주변 3인의 추천 등 엄격한 과정을 통해 선발된다.

도우미 제공 서비스는 물품이나 식품 등의 배달뿐만 아니라 집수리, 청소, 전자기기 수리, 정원정리 등 집안에서 발생할 수 있는 다양한 내용을 포함하고 있으며, 자신이 일할 수 있는 시간을 정할 수 있고, 부수입(시간당 약 2만 원)을 얻을 수 있다는 장점뿐만 아니라 지역사회 거주 고령층을 도울 수 있다는 점에서 보람을 느낄 수 있어 은퇴고령자들에게 인기가 있다.

[그림 18] 엄브렐라(Umbrella) 도우미 서비스

03

3. 해외 시니어산업 동향

가. 일본

1) 현재 일본의 노인 인구 상황

 2022년 일본은 전체 인구 1억 2,000만 명 중 65세 이상의 인구가 29.1%를 차지하고 있는 초고령화 사회로 세계에서 1위를 하고 있으며, 2040년에는 총인구의 35.3%에 달할 것으로 전망된다.[11]

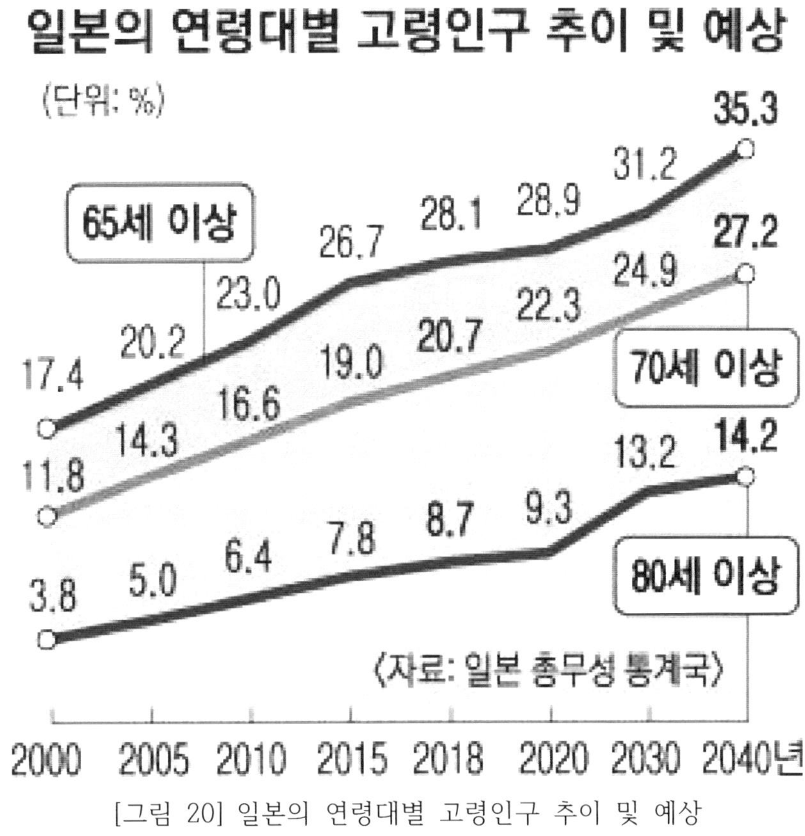

[그림 20] 일본의 연령대별 고령인구 추이 및 예상

---

11) 브라보마이라이프 '日 총인구 15% 75세 넘어… 노인 인구 역대 최다 기록'

　고령화가 진행되면서 사망자도 급격하게 늘기 시작했다. 2006년 109만 명이었던 사망자 수가 2016년에는 130만 8,000명으로 증가했다. 10년 만에 20%가 늘어난 셈이다.

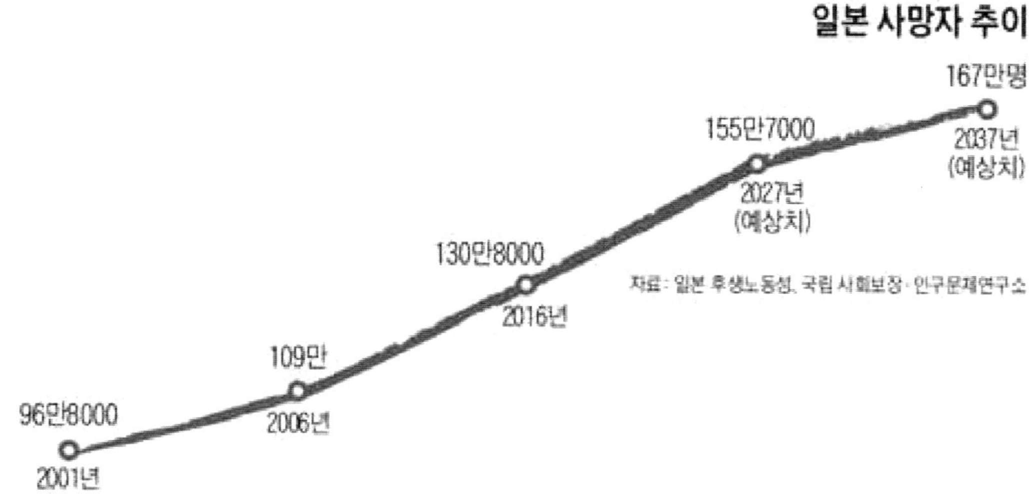

[그림 21] 일본 사망자 추이

2) 일본의 시니어산업[12]

 2025년에 단카이세대(1947~1949년에 태어난 베이비붐 세대)가 모두 75세 이상이 되면 보험 비용의 막대한 증가로 이어지게 된다. 후생노동성은 간병의 대상이 되지 않으면서 관리를 통해서 건강한 생활을 유지할 수 있는 집중 관리 대상으로 '프레일(허약을 의미하는 영어 Frail의 일본 표현)'이라는 개념을 만들었다.

 프레일은 적절한 개입과 지원에 의해서 생활 기능의 유지 향상이 가능한 상태라고 보고 있다. 이들의 건강 상태는 신체, 정신, 심리, 사회적 취약성(독거, 외출 빈도, 대화 빈도 등)을 모두 포함한다. 후생노동성 조사에서는 고령자의 약 10% 안팎이 이에 해당한다고 추산하고 있다.

평가항목	평가 기준
체중감소	'6개월간 2~3kg 이상의(의도하지 않은) 체중 감소가 있었나요?'에 '네'라고 응답한 경우
권태감	'(최근 2주 동안) 이유 없이 지친 듯 한 느낌이 든다.'에 '네'라고 응답한 경우
활동량	'가벼운 운동·체조(농사도 포함)를 1주일에 며칠 정도 하나요?' 및 '정기적인 운동 · 스포츠(농사를 포함)를 1주일에 며칠 정도 하나요?'의 2개 질문에 모두 '운동·체조는 하지 않는다.'라고 응답한 경우
악력	자주 쓰는 손을 사용해 측정했을 때 남성 26키로 미만 여성 18키로 미만인 경우
통상 보행속도	(측정 구간 전후로 1m 여분의 거리를 만들고 측정 구간 5m의 시간을 측정했을 때)1m/초 미만인 경우

[표 2] 프레일의 평가 기준

 일본 정부는 1980년대부터 저출산, 고령화에 대비하기 위해 골드플랜21[13], 개호보험제도[14] 등 다양한 제도 개선을 추진해왔다. 시니어 인구 증가와 함께 관련 제도, 인프라가 확충되면서 일본 전체 시니어 산업 규모는 급격한 양적 성장을 이뤘다. 일본 시니어 산업은 1990년 330조 원 수준에서 2030년에는 약 770조 원까지 성장할 것으로 추정되고 있다.

---

12) 일본 실버시장을 잡아라, KOTRA, 2020.05.28
13) 골드플랜21 : 치매성 고령자 지원 대책, 종합 질병 관리 추진, 지역생활 지원체제 정비 등 노인 복지증진을 위한 각종 대책 마련을 위한 정책을 말한다.
14) 개호보험제도 : 40세 이상을 전원 피보험자로 하는 강제적 사회보험제도로 보험료 납부 시 각종 시니어 서비스를 저렴하게 이용할 수 있다.

프레일을 예방하고 노령자의 건강을 관리하기 위해서 적절한 영양 섭취와 근력 운동이 강조되고 있다. 후생노동성은 '일본인의 식사섭취 기준'에 고령자의 식생활 개선에 관한 내용으로 단백질 권장 섭취량을 포함해 개정했다.

아울러 액티브시니어(active senior)라는 개념을 도입하며, 건강한 노인들이 활동적으로 사회생활에 참여하는 이미지를 그려가고 있다.

이와 같은 정부의 지도에 따라서 최근 몇 년 간 노인을 대상으로 한 제품과 서비스들이 시장으로 쏟아져 나오고 있다. 식품시장에는 단백질 제품 열풍이 불었다. 간편하게 먹을 수 있는 어묵 제품, 단백질 음료, 단백질 분말 등이 엄청나게 쏟아져 나왔고 서비스 분야에서도 노인층 고객을 대상으로 한 전용 헬스장, 찾아가는 이동트럭 슈퍼마켓 등이 주목을 받았다. 전 산업에 걸쳐서 고령자를 타깃으로 한 아이디어가 확대되고 있다.

가사 대행 서비스는 GOYOKIKI는 청소, 물건 정리 등을 대행하며 5분에 100엔의 비용이 발생한다. 본 서비스의 포인트는 대화라고 할 수 있다. 쓰레기로 생각되는 물건이라도 고령자에게는 추억의 물건인 경우도 많으며, 정리를 할지 말지 망설이는 경우도 있다. 이에, 처음 30분은 정리를 하지 않고 차분히 이야기를 들은 후에 물건의 '처분'이 아니라 '졸업'이라는 단어를 사용해 마음을 정리할 것을 제안한다는 특징이 있다. 또한, 시간이 초과되더라도 사전 견적 이상의 금액은 받지 않으므로 안심하고 신청할 수 있는 것도 특징이다. 사업 개시부터 6년 동안은 적자를 기록했으나 4년 전부터 흑자로 전환되었으며, 이후 연 16% 성장하고 있다.

대화 서비스인 Cocolomi는 독거노인의 고독의 해소를 위해 만들어진 서비스다. Cocolomi에서는 전화통화로 일상대화 및 고민상담을 하며 건강 상태를 확인하고, 10분간의 전화 내용을 리포트로 가족에게 제출한다. 주로 홀로 지내는 부모를 위해서 자식들이 계약을 하고 있으며, 현재 이용 규모는 수백만 명에 달한다. 한 달 4회에 7,500엔이며 간단한 리포트 경우는 4,900엔의 비용이 발생한다. 현재 일본에서는 신변지킴이 로봇이나 보안 카메라 경우, 감시를 받는 느낌을 받기 때문에 대화 서비스에 수요가 발생하고 있다. 또한, 사전 카운슬링을 받아 매번 같은 번호, 같은 사람이 응대하며 고령자에게 교류에 대한 기대감과 생활의 보람을 주고 있어 계약을 한 가족에게도 만족감을 주고 있다. 또한, Cocolomi에서는 사회복지를 전공 중인 대학생이나 관심이 있는 주부 등을 고용해서 인력난도 극복했다.

3) 일본의 서비스로봇[15]
가) 일본 로봇 시장 개요

로봇은 용도별·산업별로 분류방법이 다르지만 일본의 국립연구개발법인 신에너지 산업기술 종합 개발기구인 NEDO(New Energy and Industrial Technology Development Organization) 따르면 센서, 지능·제어계, 구동계의 3가지 기술 요소를 가진 지능화된 기계 시스템을 로봇이라고 정의하고 있다.

NEDO에 따르면, 2015년 일본의 로봇 시장 규모는 약 1조 6,000억 엔이었으나 2020년에는 약 2조 9,000어 엔 규모로 성장했다. 최근 일본의 제조업 DX(디지털 트랜스포메이션) 투자 증가로 제조현장에서 산업용 로봇의 신규도입 및 교체 수요가 늘어나고 서비스 로봇과 로보테크 등 산업용 로봇 이외의 분야에서도 활발한 변화가 전개될 것으로 예측되고 있어 2035년 로봇시장 규모는 약 9조 7,000억 엔 규모에 달할 것으로 전망된다.

로봇의 용도에 따라 크게 제조분야에 쓰이는 산업용 로봇과 의료·서비스 등의 분야에 쓰이는 서비스 로봇으로 분류할 수 있다. 산업용 로봇의 경우 일본이 전 세계 시장의 약 50%(금액 기준, 경제산업성)를 차지하고 있다. 자동차 제조공정에 쓰이는 산업용 로봇을 중심으로 화낙 (FANUC), 가와사키중공업, 야스카와전기 등의 유명 제조기업을 보유하고 있어 로봇 강국으로 불린다.

	2015년	2020년	2025년	2035년(예측)
제조분야	10,018	12,564	15,807	27,294
로보테크(RT)제품	1,771	4,516	8,057	15,555
농림수산 분야	467	1,212	2,255	4,663
서비스 분야	3,733	10,241	26,462	49,568
합계	15,990	28,533	52,580	97,080

[표 3] 2015~2035년 로봇산업 시장 규모 추이 및 예측 (단위: 억 엔)

최근에는 로봇시장에 새로운 변화가 감지되고 있다. 기존에는 산업용 로봇이 전체 시장의 절반 이상을 차지하고 있었지만 서비스 로봇의 비중이 점차 늘어 오는 2025년에는 산업용 로봇보다 규모가 커질 것으로 전망된다. 서비스 로봇 시장은 2015년 3,733억 엔 규모였으나 5년 만에 약 2.74배 성장해 2020년에는 1조 241억 엔 규모에 이를 것으로 보인다. 로봇산업 전체에서 차지하는 비중도 2015년 약 23.3%에서 2020년 약 35.8%로 대폭 늘었고 2025년에는 약 50.3%로 전체 로봇시장에서 절반을 넘는 비중을 차지할 것으로 예측된다.

---

15) 일본, '똑똑한 개인비서' 서비스 로봇이 뜬다!, KOTRA, 2021.01.26

일본에서 서비스 로봇은 사회문제 해결의 수단으로도 주목받고 있다. 서비스 로봇은 일손 부족에 시달리는 일본 서비스업에 노동력을 제공하는 한편, 의료 간호 등 고령자를 위한 '돌봄 노동' 분야에서도 활약할 것으로 기대된다. 현재는 인간과 간단한 일상대화를 주고받을 수 있는 대화형 로봇이 다수이나 가까운 미래에는 IoT 기기와 연동해 인간과의 협업을 실현하는 등 사용 분야가 급증할 것이라는 전망이다.

특히 2020년에는 코로나19 위기를 계기로 일본에서 서비스 로봇이 더욱 주목받았다. 의료현장에서 체온 측정, 코로나19 의심 증상에 대한 문진 등을 수행할 수 있는 의료진이 절대적으로 부족한 가운데 히타치제작소의 'EMIEW(에뮤)', 소프트뱅크 로보틱스의 'Pepper(페퍼)'등 내방객과 간단한 커뮤니케이션이 가능한 로봇을 시범적으로 도입하려는 수요가 늘어서다. 이들 로봇은 이미 의료현장에 시범 도입돼 관련 데이터를 축적하고 있으며, 추후 피드백에 따라서는 더 광범위한 도입이 이뤄질 것으로 전망된다.

나) 일본 주요 서비스 로봇

EMIEW(에뮤)는 히타치제작소가 출시한 신장 약 90㎝의 자율주행형 커뮤니케이션 로봇으로,
자율주행 이동하며, 다국어 음성 대화 기능 및 배터리 자동충전이 특징이다. 에뮤는 오피스
빌딩이나 병원 및 복지시설을 중심으로 낮에는 안내업무, 밤에는 경비업무 역할을 하며 인력
부족 기업에 솔루션을 제공하고 있다. 2021년에는 코로나19 감염 확대로 의료 종사자의 부담
이 가중됨에 따라, 의료현장에서 의료진의 부담을 경감하기 위해 '에뮤'를 활용하는 사례도 나
타났다. 도쿄에 위치한 아리아케 병원은 현관에 에뮤를 설치해 열 감지 카메라를 사용해 체온
을 체크하고 2주 이내에 코로나19 의심 증상이 있었는지 등을 체크하는 등 의료진을 보조하
도록 하겠다고 밝혔다.

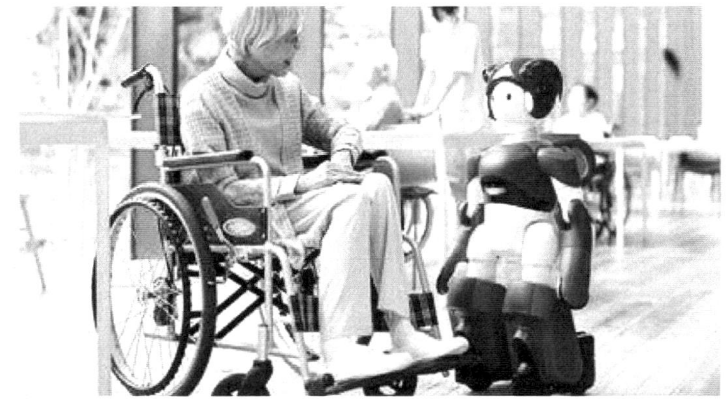

[그림 22] 히타치제작소의 'EMIEW(에뮤)'

Pepper(페퍼)는 소프트뱅크 로보틱스가 개발한 신장 120㎝의 서비스 로봇으로, 인간의 감정
을 인식하는 것이 특징이다. 따라서, 점포 안내나 간단한 대화 등의 커뮤니케이션이 가능하며,
주문·결제 기능이 있어 프랜차이즈 기업에서 도입을 추진하고 있다. 최근들어, 페퍼 역시 코로
나19 위기상황에서 활약하고 있다. 소프트뱅크 로보틱스는 2020년 5월 도쿄 하치오지 등에
위치한 경증 환자들을 위한 요양시설에 '페퍼'를 시범적으로 도입하여, 입주 시 접객업무 및
입주자에의 식사 제공 업무 보조 역할을 수행하도록 하겠다고 밝혔다. 일본 정부는 2020년 9
월 '페퍼'의 공로를 인정해 '코로나 대책 서포터즈'로 위촉하기도 했다.

[그림 23] 소프트뱅크의 'Pepper(페퍼)'

4) 일본의 장례산업
가) 슈카쓰(終活)[16]

슈카쓰는 임종을 준비하는 활동을 일컫는 것으로, 일본에서는 10여 년 전부터 체력과 정신이 온전할 때 정리해야 한다는 인식이 노인들 사이에서 퍼졌다. 장례를 어떻게 치르고 재산 상속을 어찌할지 미리 정하거나 연명 치료 여부를 결정해두는 것이 슈카쓰의 대표적인 사례라고 할 수 있다. 일본 시장조사 업체인 야노경제연구소에 따르면 일본의 슈카쓰 관련 시장 규모는 연간 5조엔(약 54조원)에 이른다.

일본 유통업체 이온(AEON)은 수시로 전국의 대형 쇼핑몰과 중소형 마트에서 슈카쓰 박람회를 개최한다. 참가자들은 재산 정리법, 묘지 고르는 법, '엔딩 노트' 쓰는 법 등을 배우거나 입관 체험을 할 수 있다. 버스 등을 이용하는 슈카쓰 투어 상품도 등장했다. 여행사가 희망자를 모아 교외 묘지를 둘러보고, 바다·강·산 등에 유골을 뿌리는 산골(散骨) 체험을 하고 돌아오는 프로그램이다. 유튜브 시대에 걸맞게 생전 영상을 만들어주는 업체도 있다. 과거 자서전을 만들어주던 상품의 동영상 버전인 셈이다.

최근 들어서는 일본 금융권도 슈카쓰 관련 상품을 내놓으며 수익 다각화에 나섰다. 미쓰이스미토모신탁은행은 2019년 12월 혼자 사는 사람의 사후 절차를 일괄 처리해주는 신탁 상품을 출시했다. 신탁은 고객이 맡긴 돈이나 부동산을 금융회사가 관리·운용·처분하는 것이다. 미쓰이스미토모신탁은행이 선보인 상품은 가입자가 사망하면 유품 수습, 디지털 기록 보존·삭제, 반려동물 케어, 지인 연락 등을 책임진다.

일부 업체는 생전장례식을 기획하거나 장소 대여에 나서기도 한다. 생전장례식은 말 그대로 죽기 전에 치르는 장례식을 의미한다. 세상 떠나기 전 만나고 싶은 사람을 한 자리에 모으는 행사다. 2017년 10월 전직 프로 레슬러이자 사업가인 안토니오 이노키가 선수 시절 활약했던 도쿄 료고쿠(兩國) 국기관에서 생전장례식을 연 바 있다. 과거에는 주로 유명인이 생전장례식을 치렀으나 지금은 슈카쓰의 일환으로 생전장례식을 준비하는 일반인이 점차 늘어나는 추세다.

'죽음은 잘 준비하는 것'이라는 개념이 확산하면서 허심탄회하게 죽음을 이야기하는 '데스 카페(death cafe)' 모임도 활성화됐다. 작은 캡슐에 유골 일부를 담은 뒤 상업용 로켓에 실어 대기권 밖으로 쏘아주는 상품, 자녀가 묘에 찾아오면 생전에 찍어둔 고인 영상이 재생되는 스마트폰 애플리케이션 서비스 등도 슈카쓰 노인을 겨냥한 것들이다. 연하장 보내는 문화가 여전한 일본 노인들 사이에서는 '이번 연하장이 마지막입니다.'를 알리는 슈카쓰 연하장이 유행 중이다.

---

16) 日 '엔딩 산업' 54조원 육박…죽음 박람회 늘 만원, 이코노미조선, 2020.02.03

나) 시신호텔[17]

갈수록 고령화가 진행되는 일본의 장례문화가 날로 변모하고 있다. 세상을 떠나는 사람 수에 비해 화장시설이 부족하다 보니 탄생한 시신호텔은 어엿한 비즈니스로 자리 잡은 분위기다.

[그림 24] 카나가와현에 자리한 시신호텔

시신호텔은 망자가 머무는 시설이다. 원래 일본은 시신을 집에 모셨다가 장례를 치렀는데, 최근 화장 대기기간이 통상 1주일에서 열흘(도쿄 기준)에 달하면서 탄생한 것이 시신호텔이다.

겉보기에는 산 사람이 묵는 호텔과 똑같지만 내부는 절간처럼 고요하다. 인테리어 색상도 차분한 톤으로 통일되어있다. 방에는 침대 대신 관을 보관하는 냉장고가 자리한다. 문상 온 사람을 위한 소파도 구비돼 있다. 요금은 1박에 7,000엔(약 7만원) 수준, 비싼 곳은 1~2만 엔까지 받는 곳도 있다. 단순히 시신이 머물기도 하고, 장례절차를 진행해주는 곳도 있다. 이 경우 요금은 45만 엔까지 올라간다. 장례절차를 간소화하는 경우는 20만 엔 정도를 받기도 한다.

이미 초고령화 사회가 진행 중인 일본은 매년 노인 사망자가 느는 반면, 혐오시설로 찍힌 화장장은 턱없이 부족하다. 국립사회보장·인구문제연구소에 따르면 일본의 연간 사망자는 2021년 기준 145만 2,289명이며, 2040년에 이르러서는 167만 명에 달할 전망이다.

---

17) 출처 : 뉴스핌 2017.10.23.기사

다) 셀프장례

유족이 손수 장례를 진행하는 것을 셀프장례라고 한다. 한국에서도 주목 받는 일본의 슈카츠, 즉 죽음을 앞두고 미리 준비하는 트렌드에 셀프장례가 포함되며, 셀프장례는 일본에서 테즈쿠리소우기(手作り葬儀) 혹은 DIY장례라고도 칭해진다.

[그림 25] 상대적으로 저렴한 셀프장례 비용

셀프장례가 각광받는 이유는 크게 두 가지이다. 첫 번째는 큰돈이 들어가는 장례절차를 간소화하는 것이다. 인터넷에서 각종 장례비용을 합리적인 가격에 구입하고, 운구차량과 화장시설 등도 저렴하게 섭외하면 장례비용은 총 7만 엔(약 70만 원)으로 상당히 저렴하게 장례를 치를 수 있다.

수의나 관, 납골함 등 장례용품 가격을 비교하는 웹사이트도 꾸준히 증가하고 있다. 물론 후기도 남길 수 있어 다른 사용자가 구매할 때 팁이 되기도 한다. 세세하게 준비하기 어려운 사람을 위한 10만 원 내외의 장례상품 패키지도 인기다.

셀프장례가 주목받는 이유 두 번째는 홀로 죽음을 맞이할 사람들의 증가세이다. 일본은 고령화와 더불어 1인가구가 꾸준히 증가해왔다. 때문에 무연고로 죽을 사람들은 스스로 마지막 길을 선택하고 있다. 취향에 맞춰 수의를 구매할 수 있고, 종교 등에 따라 장례 형태를 고를 수 있다. 업계 관계자는 고독사를 피할 수 없는 사람들 사이에서 셀프장례가 관심사로 떠올랐으며 마지막 길만은 외롭지 않게 스스로 꾸밀 수 있기 때문이라고 설명했다.

라) 간소화되는 장례문화[18]

일본의 장례식 형태는 일반장 외에 가족장, 수목장, 직장, 산골(화장한 유골을 바다와 산에 뿌리는 장례)까지 다양해지고 있다. 최근 가격이 싼 가족장과 직장의 수요가 커지고 있다.

구분	2015년	2017년	2020년
일반장	58.9%	52.8%	48.9%
가족장	31.3%	37.9%	40.9%
1일장	3.9%	4.4%	5.2%
직장·화장식	5.9%	4.9%	4.9%

[표 4] 최근 일본의 장례 스타일 변화

최근 코로나 감염증도 장례업계에 큰 영향을 주고 있다. 일례로, 코로나로 사망한 사람의 장례를 사퇴하는 사업자도 늘어나고 있으며, 감염예방을 위해 화장만 하는 장례도 늘어나고 있다. 호텔에서 1,000명 이상이 모이는 대규모 회사장과 이별회도 대부분 중지되었다.

소비자의 장례에 대한 인식도 바뀌고 있다. 상주의 고령화, 독신 고령자 증가, 핵가족화 등으로 가족장과 직장이라는 간소한 장례를 선택하는 소비자가 대폭 늘어나고 있다. 현재 전통적인 불교식에서 무종교까지 장례 스타일이 다양해지고, 장례를 치른다는 상식도 무너지고 있다. 도쿄에서는 장례를 치르지 않는 사람이 약 30%에 이르고 있다.

또한, 최근 자신의 장례를 가족장으로 치르기를 희망하는 사람이 늘어나고, 장례식장을 찾는 사람도 고령화해 결국 가족장이 대세가 됐다. 장례 관련 자료를 보면, 현재 사망하는 여성의 약 40%는 90세 이상이고, 장례식장을 방문하는 조문객은 20년 동안 4분의 1 정도로 감소하고 있다. 코로나 사태 이전에는 약 40명 정도 참여하는 장례식이 많았지만, 현재 10~20명 정도만 참여한다.

이와 같은 장례식의 소규모화는 이전부터 시작되었다. 코로나 사태가 변화속도를 빨라지게 했다. 친족만 참여하는 가족장과 1일장 등 소규모 장례를 선택하는 비율이 이전부터 점차 증가하고 있다. 이런 흐름은 코로나 사태가 종식되어도 이전으로 되돌아가지 않을 것이라고 보는 사람이 많다.

---

18) [더오래]가족장·1일장·온라인 영결식…간소화하는 日장례문화, 중앙일보, 2021.05.02

최근 인터넷 포털사이트에서 고객을 확보하고, 그 고객을 장례업자에게 소개하는 장례 중개업자가 늘어나고 있다. 장례 중개업자는 낭비요소를 없애 투명하고 낮은 가격의 장례 패키지 상품을 만들고, 미리 설정된 가격으로 장례를 치를 수 있다고 주장한다. 도시에서 이런 장례 상품을 활용하는 사람이 늘어나면서 장례비가 감소하고 있다. 유족도 장례비용이 많이 들지 않길 바라기 때문에 가족장과 1일장이 증가하고 있다.

장례업체 '공익사'는 장례식에 참여할 수 없는 사람이 온라인으로 장례모습을 볼 수 있는 온라인 장례서비스를 제공하기 시작했다. 최근에는 'DIY(自葬.자장)플랜'을 제공하고 있다. 자장플랜이란 장례업체나 종교기관을 이용하지 않고, 스스로 장례를 치를 수 있도록 장례 물품을 세트로 제공하는 서비스다.

'유니퀘스트'는 1,000개 이상의 장례회사와 제휴하고 인터넷을 통해 고객을 모집하고 '작은 장례식' 서비스를 제공한다. 작은 장례식은 전국적으로 비용이 똑같고, 세트플랜으로 저렴하게 장례를 치를 수 있게 한다. 인터넷으로 가볍게 장례정보를 수집할 수 있고, 전국적 네트워크로 비용을 낮춰 많은 사람이 찾고 있다. 유니퀘스트는 2018년 이후 전국 최고의 장례의뢰 건수를 확보하고 있다. 이 회사는 기존의 장례업체와 달리 고객 맞춤형 장례 서비스를 제공하는 한편 웹사이트와 안내자료 작성, 콜센터 구축에 노력하고 있다. IT 기술을 이용해 서비스 품질을 높이고 있다.

마) 유품정리업

 고령화의 급속한 진전과 핵가족화로 대표되는 사회구조의 변화에 따라 유품정리업체는 특히 수요가 높아지고 있다. 고인이 살던 집의 정리, 청소, 불요품 처분 등의 유품 정리는 그동안 유족의 손에서 행해지는 것이 일반적이었다. 그러나 현대의 라이프스타일에 있어서는 시간적으로도 인력면에서도 유족의 힘만으로는 지탱할 수 없는 상황이다.

 일본은 2030년 문제로 초고령화 사회가 진행되어 50세 이상의 남성 3명 중 1명은 미혼자가 된다는 추정도 나오고 있다. 향후 고독사 문제는 미디어나 신문, 서적 등 다양한 분야에서 주목을 받으며 더욱 사회 문제가 되어 핵가족화, 미혼율, 초고령화 사회에 따라 유품정리의 수요가 급격히 증가하고 있는 것이다.

 유품정리 사업은 고령화 사회에서 20년은 확실하게 수익을 올리고 계속 할 수 있는 일이라고 한다. 점점 수요가 높아지고 있기 때문에 전문적인 지식을 습득하고 적절한 대응을 해나가는 것이 현재 요구되고 있다. 또 노인 2명 중 1명은 고독사할 가능성이 있다는 통계도 나오고 있다.

 이러한 사회적 배경으로 인해 유품정리업의 사업자 수가 해마다 증가하고 있는데 현재 유품정리업에 관한 법 정비가 거의 갖추어지지 않았고, 불법업체들이 불필요품을 불법 투기하거나 부당하게 비싼 요금을 청구하는 경우가 많다고 한다.

 관련 인력 양성에도 관심이 모아지고 있다. '유품정리 전문가인증협회'라는 기관은 유품정리업의 사회적 역할과 사업자 수의 증가에 따른 도덕적 해이를 시정하는 것을 이념으로 업계의 건전 육성을 도모하기 위해 유품정리사 양성 강좌를 운영하는 것과 함께 인증 시험을 실시하는 것을 목적으로 설립되었다고 말한다. 협회는 '유품정리'라는 업무를 사업으로 대행함에 있어서 규정을 엄격히 준수하는 형태로 실행하는 것이 중요하다고 강조한다. 교육기관에서는 유품정리의 취급 절차 및 유품정리에 관한 규정 등의 지식을 강의하고 있다.

나. 중국[19)

1) 급격히 증가하는 중국의 노인 인구

2022년 말 기준 중국의 60세 이상 노년층 인구는 2억 8천 4만 명으로 전체 인구의 19.8%를 차지하고 있으며, 특히 65세 이상 노년층 인구는 처음 2억 명을 넘어서 전체 인구의 14.2%를 차지했다.

위건위는 60세 이상 노인 인구가 계속 증가해 2025년까지 3억 명을 돌파하고 전체 인구에서 차지하는 비중도 20%를 넘어설 것으로 보고 있다. 중국은 이를 '중도 고령화 단계'로 분류한다. 이어 2035년쯤에는 60세 이상 인구가 4억 명을 넘어서며 전체 인구의 30% 이상을 차지하는 '고도 고령화 단계'에 진입할 것이라는 게 위건위의 전망이다. 앞서 위건위 산하 연구기관에서는 2033년이면 65세 이상 인구가 3억 명을 돌파해 전체 인구의 20%를 넘어서는 '초고령 사회'가 될 것이라는 전망이 나오기도 했다.[20)

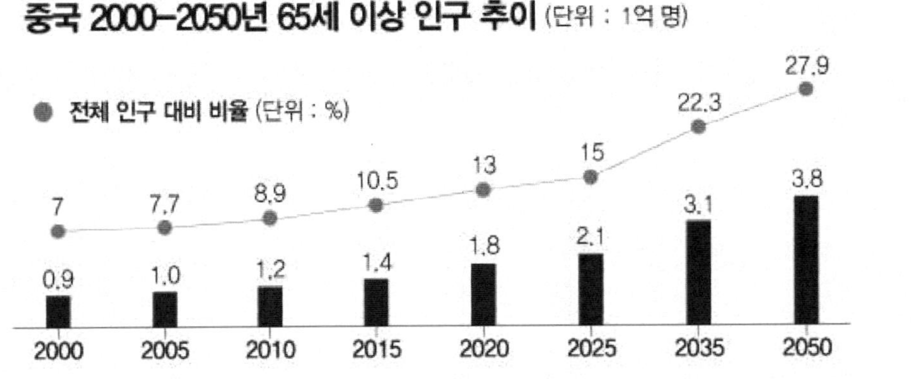

중국은 역사상 3번의 베이비붐 세대가 있으며, 현재 2차 베이비 붐 세대(1962년 ~ 1976년)에 태어난 인구가 2010~2030년 기간 노년층에 편입되면서 중국은 빠르게 고령화 사회로 진입하고 있다.

중국 민정부(우리나라 행정안전부에 해당)에 따르면 65세 이상 인구는 해마다 1000만 명씩 증가하고 있다. 따라서 2021년에는 고령사회에 진입했던 중국은 2033년에는 초고령사회가 될 것으로 보인다. 2050년에는 국민 3명 중 1명(27.9%)에 이를 것으로 예상된다.

---

19) 조선비즈 인터넷 뉴스 2017.07.05.기사 <2억2000만 '노인 大國 중국...실버산업, 新성장 산업으로 뜬다>
20) 경향신문 '중국 "3년 안에 60세 이상 인구 3억명 돌파"…빨라지는 고령화 속도에 대응 부심'

2049년은 중국이 건국 100주년 되는 해다. 시진핑 국가주석은 건국 100주년까지 중국을 '사회주의 현대화 강국'으로 만들겠다는 '중국몽(中國夢)'을 강조해왔다. 문제는 중국이 다른 선진국에 비해 고령사회로 너무 빨리 접어들고 있다는 점이다.

우리나라가 65세 이상 인구 비중이 12.6%에 달한 시점은 2015년. 미국과 일본은 각각 1990년과 1992년이었다. 이 시점에 1인당 GDP는 우리나라가 2만 7,000달러(약 3,035만 원), 미국 2만 4,000달러(약 2,697만 원), 일본 3만 달러(약 3,372만 원)였다. 중국의 1인당 GDP는 2019년 1만 276달러(약 1,155만 원), 2020년 1만 504달러(약 1,181만 원),2022년 1만 2,554달러(약 1,610만원)를 각각 기록했다. 이런 추세 속에서 고령사회가 된다면 많은 문제를 야기할 수 있다.[21]

<중국의 출생자 수 및 1~3차 베이붐 세대>

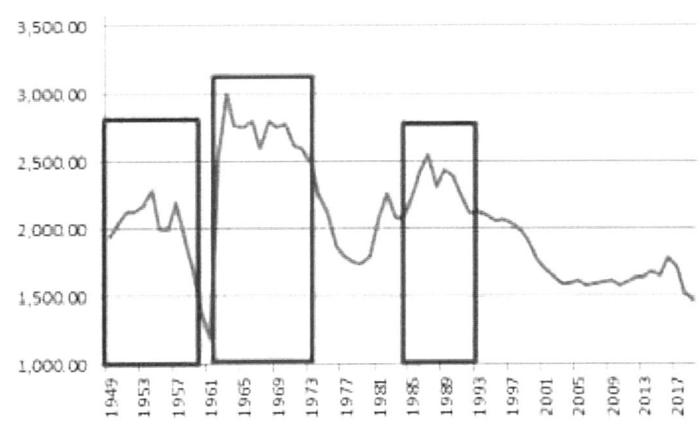

---

21) 이장훈 국제문제 애널리스트 '패권 야심 中 최대 걸림돌, 저출산-고령화 폭탄'

2) 중국의 실버산업[22]
   가) 실버산업 정책[23]

중국의 고령화 추세가 가속화되면서 실버산업이 안전하고 지속 가능하게 발전할 수 있도록 중국 정부는 양로 기관 개혁 및 관리감독 제도 등을 구축 및 정비했다.

연도	정책	주요 내용	시행 목적
2018년	소비 촉진 체계 메커니즘 실시 방안 개선	양로 기관 건설 허가 제도와 분류별 관리 제도를 철폐해 공공 양로 기관이 민영 혹은 기업 형태로 구축될 수 있도록 독려	고령화 문제에 대해 장기적인 규획을 발표한 것으로, 시장에 양로 서비스를 안정적으로 공급하기 위한 목적
2019년	양로 서비스 발전 추진에 관한 의견	양로 서비스 사업을 추진과 발전에 방해되는 요소를 없애고, 시장 메커니즘을 개선하며, 양로 서비스 투자를 더욱 확대	사회 양로를 효율적으로 운영하고 시장 규범화된 메커니즘을 형성해 실버산업 시장을 더욱 확대할 것
2020년	노령인구의 스마트 기술 활용 문제 해소를 위한 실행 방안	스마트 보조기구, 스마트 가구, 건강 모니터링 단말기 제품 등의 적극적인 개발 추진	스마트 기기 등 기술발전을 통한 양로 의료, 건강 등 부문의 효율을 제고
2022년	14차 5개년 국가 실버산업 발전 및 양로 서비스 체계 계획	양로보험 체계정비, 고령 인구의 의료비 부담경감, 실버용품 산업 확대, 실버 용품 연구개발 강화	기본양로보험의 보장범위를 지속해서 확대하고, 기본의료보험 체계를 개선하는 목적

[표 5] 최근 중국 실버산업 정책

표 1. 14.차 5개년 실버산업 발전 및 양로서비스 체계 계획

구 분	내 용
사회보장 및 기초양로서비스망 구축	• 건전한 사회보장제도 • 기초양로서비스 리스트 제정 • 공적양로기관 기초보장 역할 강화 • 보편 혜택형 양로서비스 발전 지지
재가지역사회양로서비스 역량 강화	• 도농 노인 식사지원 서비스 체계 구축 • 방문 목욕 및 방문 요양 서비스 개선 및 발전 • 노인 생활 서비스 산업 발전 가속화
노년기 건강 지원 체계 완비	• 노인건강교육 및 예방보건 강화 • 재활 케어 및 완화 치료 서비스 발전 • 의료,양로서비스 결합 심화 • 노인 전염병 예방과 통제 강화
실버경제 적극 육성	• 노인용품 산업 확장 및 발전 • 노인용품 과학 기술화, 스마트화 촉진 • 노인을 위한 포괄적 금융서비스 순차적 발전
액티브 에이징(active ageing) 적극 실천	• 노인 교육 혁신적 개발 • 노인들이 자신의 역할을 해내도록 격려 • 노인 대상 문화, 스포츠, 여가활동 다양화
노인 친화적 사회 환경 조성	• 가정 내 효도 및 노인 공경의 전통적 미덕 계승 • 배리어 프리(barrier-free) 환경 조성 • 노인 요구를 고려한 스마트화 사회 구축 • 노인 공경 등 사회 관습 계발
발전요인 지원체계 강화	• 의료요양기관과 관련된 훈련을 촉진하여 양로서비스 발전 • 토지 및 주택 이용 지원 정책 개선 • 재정자금 및 금융보장 강화 • 관련분야 인재양성
노년층 권익보호	• 시장주체에 대한 관리 감독 강화 • 산업전체에 있어 표준화 되고 건전한 발전 선도 • 노년층 소비자의 권익보호 강화
이행 보증	• 당의 지도력 강화 • 법적보호 개선 • 조직 협조 강화 • 데이터지원 개선 • 국제협력 심화 • 평가 실행

나) 실버산업 개요 및 시장 전망

 중국의 실버산업은 노년층에게 제공하는 서비스에 따라 의료보건, 일상 소비, 여가, 생활 보장 등 네 개 분야로 구분할 수 있다.

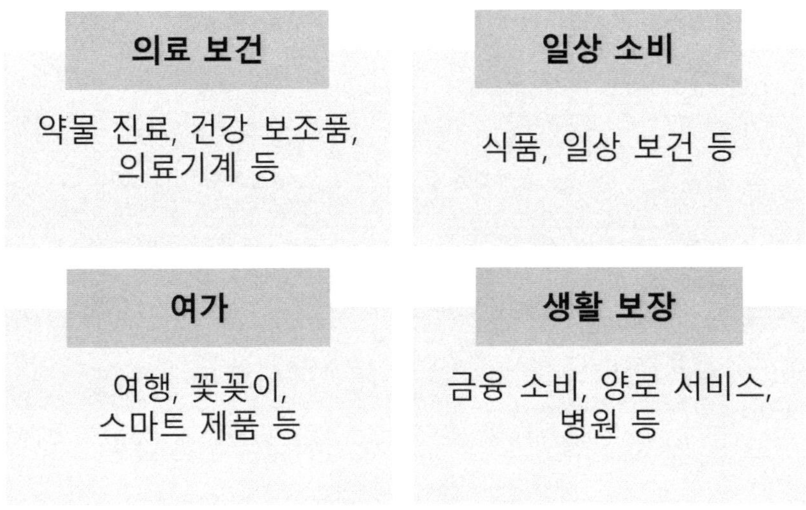

[그림 29] 중국 실버산업 종류

① 실버 여가

 업계 연구자는 "중국의 모든 노인들이 1년 평균 3차례 여행을 가고 매번 1,500위안(약 25만 원)을 소비한다는 전제 하에 계산해보면, 중국의 실버관광 시장규모는 1조 위안(약 168조 원)에 근접할 것"이라 밝혔다. 노년층은 젊은층에 비해 시간적 여유가 많으며 비수기 여행을 즐기기 때문에 중국의 전체 여행자 중 노년층 여행자 수의 비중은 20% 이상을 차지하고 있다.

 중국 대표적 ICT기업인 알리바바(阿里巴巴)가 발표한 《노인 디지털생활 보고(老年人数字生活报告)》에 따르면, 중국 1960년대 출생 노인 인구의 관광 소비 규모는 무려 2000년대 출생 인구의 3배에 달한 것으로 나타났다.[24]

---

24) CSF중국전문가포럼 '中 '실버 관광' 현황과 신 트렌드'

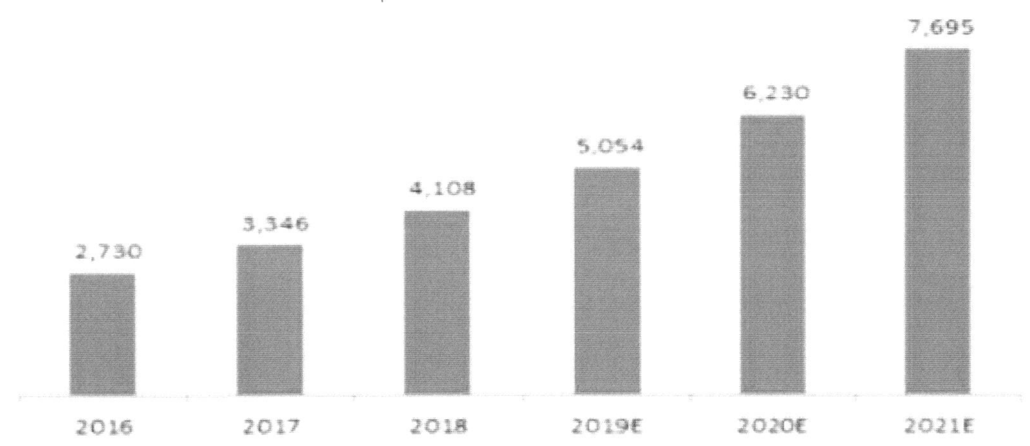

[그림 30] 2016~2021년 중국 60세 이상 노인 여행 소비 규모 증가 추이(단위: 억 위안)

② 실버 의료

KPMG 통계에 따르면, 2021년 중국 노인 재활의료산업 시장 규모는 약 1,032억 위안에 달했다. 인구 고령화와 만성병 환자 증가, 새로운 자녀정책 실시 후 산모의 증가 및 관련 산업의 정부 정책 실행에 따라 2020-2025년 중국 재활의료시장 연평균 성장률은 20.9%에 달하고 2028년의 시장 규모는 3,896억 위안에 달할 것으로 예측된다. 최근 코로나 19로 중국내 온라인 원격진료 등 비대면 의료기술이 발전함에 따라 이동이 불편한 노인층의 의료 관련 소비도 빠르게 증가할 것으로 전망된다.

특히 재활의료는 분야별로 차별화된 서비스를 요구한다. 환자 나이, 장애 수준 등에 따라 재활의료에 대한 요구사항이 분명하게 구분된다. 따라서 향후 재활의료에 대한 개성화된 맞춤형 의료기기와 서비스가 시장 내 핵심 경쟁력이 될 것으로 보이며 특히 빅데이터, 모바일, 인공지능, 로봇 등과 같은 IT와 접목된 제품 및 서비스 재활의료시장의 다음 황금시대를 열 것으로 전망된다.

현재 중국은 전반적으로 샤오캉(小康, 모든 국민이 풍족하고 편안한 생활을 누리는 사회) 사회에 진입하였으며, 시민들의 건강에 대한 의식도 점차 높아지고 있다. 특히, 첨단 의료기술에 대한 소비가 늘고 있으며 첨단 재활의료 서비스 및 의료기기 시장에 대한 기업들의 투자 역시 증가세에 있다. 많은 글로벌 외국 의료기업이 중국 기업과 협력을 늘려가고 있는 만큼, 한국 의료기업 역시 이러한 중국 재활의료 시장의 변화 추세에 따라 중국 기업 합자 투자, 공동기술개발 등 방식으로 중국 시장 진입 기회를 모색할 필요가 있다.

그림 31 중국 노인 의료 보건 시장 규모

③ 양로 서비스

중국에서는 스마트 기기의 기술 발전으로 스마트 무인 양로서비스 시장이 빠르게 확대되고 있다. 특히 사물인터넷(IoT) 및 웨어러블 기기 등을 통해 많은 가사업무가 자동화되고 건강상태 자가진단이 편리해졌다.

중국 양로산업 시장 규모를 보면, 2020년 양로산업 시장 규모는 7조 7,000억 위안(약 1,400조 원), 2024년은 10조 위안(약 1,819조 원), 2030년은 22조 3,000억 위안(약 4,056조 원)으로 예측된다.

최근, 다수 지역에서 '14차 5개년(2021~2025년)' 양로서비스 시스템 구축 계획을 잇달아 출범했다. 지역별로 보면, 항저우(杭州)는 2025년까지 '종합·통합·융합·높은 접근성'을 특징으로 하는 '대 지역사회 양로(大社区养老)'의 새로운 구도를 구축하고 모든 시민이 기본 양로서비스를 누리도록 하며, 높은 수준의 '행복 양로(幸福养老)' 시범구를 마련할 것이라고 밝혔다.

산둥(山东)은 의료 보건 기관을 갖추지 않은 양로 기관과 주변 의료 보건 기관 간의 협력을 추진해, 2025년 연말까지 양로 기관의 의료·양로 통합 서비스 커버율을 100%까지 끌어올린다는 계획이며, 허페이(合肥)는 아직 정식으로 문건을 발표하지 않았지만,《허페이시 '14차 5개년' 양로 서비스 산업 발전 계획(의견수렴안)(合肥市"十四五"养老服务业发展规划(征求意见稿

))》을 제시하며, 2025년까지 가정, 기관, 지역사회 간 협력 등을 통해 도시·농촌 전체를 아우르는 허페이만의 특색을 갖춘 양로서비스 시스템을 구축할 것이라고 밝혔다.[25]

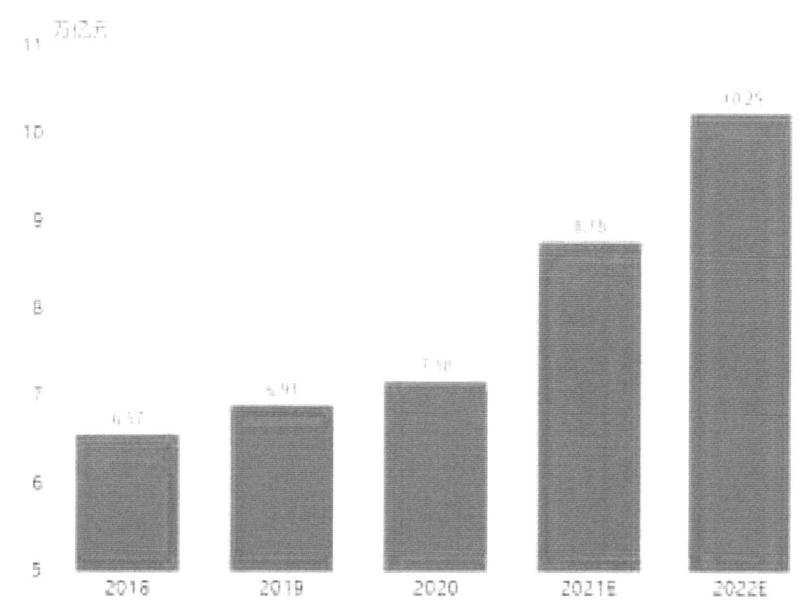

2018~2022년 중국 양로산업 시작 규모 및 전망 (단위: 조)
데이터 출처: iiMedia Research(艾媒咨询)

---

25) CSF증국전문가포럼 '[월간특집-산업편] 성장 잠재력이 큰 중국의 양로산업'

다) 중국 노년층의 특징

① 독거노인 증가

 2020년 자녀와 분가한 노년층이 1.2억 명을 기록했으며, 그 중 독거노인 수가 2,500만 명을 넘을 것으로 나타났다. 전통적으로 자녀와 같이 생활하면서 가정양로 생활방식을 추구했지만, 최근에는 분가한 노인이 증가하면서 다양한 여가 생활 및 소비를 추구하고 있다.

② 노인 소득 증가

 2020년 가정 금융 조사에 따르면, 월 소득이 1만 위안을 넘는 인구수가 1,600만 명에 달했으며 2022년에는 2,200만 명으로 증가했다고 추론된다.

③ 60세 노년층 증가

 2021년에 발표된 제 7차 인구 통계보고에 따르면 60세 이상 노년층 인구수는 2억 6,402만 명으로 2010년 제 6차 인구 조사 실태 보고 대비 8,638만 명 증가했다. 또한 2022년 말에 중국 민정부가 발표한 자료에 따르면 60세 이상 인구수가 2억 8,004만 명에 이르렀다고 조사되었다.

④ 모바일 노인

 2017년 상반기 노년층 온라인 소비 금액이 전년 동기 대비 78% 증가했고, 전국 노년층의 타오바오 사용자가 3,000만 명에 달할 것으로 나타났다. 또한, 코로나 19로 인터넷 사용 시간이 증가했으며, 2020년 5월 기준 중국 노년층의 하루 평균 인터넷 사용 시간은 64.8분으로 40세 이상 연령층보다 16.2분 더 긴 것으로 나타났다.

⑤ 철새 노인

 중국에서는 최근 계절에 따라 거주지를 이동하는 노년층 인구가 증가하고 있다. 상하이 교통대학교에서 발표한 '2019년 중국 철새 노인 겨울철 지역 적응도 지수'에서 하이난 싼야 지역이 151.76점으로 1등을 차지했다. 그 뒤로 하이난성 하이커우 지역, 광동성 광저우 지역이 차지했다. 2017년 10월~2018년 4월까지 하이난을 방문한 인원이 약 165만 명에 달했으며, 그 중 60세 이상 인구는 93만 명으로 전체의 56%를 차지했다.

 최근 중국 여행사는 '철새 노인'을 위한 이벤트를 실시했다. 그 중 동베이의 3개 성과 하이난 싼야를 이동하는 비행기를 탈 경우, '철새 노인'을 위한 편리 서비스를 제공하고 있다.

3) 중국의 양로서비스[26)

　　가) 양로서비스 개념과 종류

일반적으로 양로 서비스는 노인의 물질적 기본 요구 및 정신적 욕구를 충족시키기 위해 필요한 관련 생활 서비스를 유료로 제공하는 것을 일컫는다. 청결 관리, 재활 간호, 양로 보험 및 문화 활동 등 다양한 분야가 이에 포함된다. 장소와 서비스 형태에 따라 중국 양로 서비스는 재택 양로, 거주지역(社区) 양로, 시설 양로로 크게 나뉜다.

(1) 재택 양로

재택 양로는 자녀 등 가족 구성원들과 함께 살거나 자택 내 독거하며 노후를 보내는 것을 말한다. 이런 형태의 양로는 가격이 저렴하다는 장점을 보유하고 있다. 또한 중국의 전통적 관념(부모 봉양 등)에도 부합해 현재 비중이 제일 큰 양로 방식으로 선호되고 있다.

재택 양로는 서비스 형태에 따라 방문 서비스와 원격 간호로 다시 나뉠 수 있으며 방문 서비스는 전문 인원이 지정된 시간에 자택을 방문해 식사, 목욕, 의료, 간호 등의 서비스를 제공하는 것을 의미한다. 원격 간호는 인터넷, 인공지능 등 신기술에 기반해 노인의 건강과 생활 상태를 원격으로 모니터링하고 긴급상황이 발생 시 즉시 처리할 수 있는 시스템을 의미한다.

(2) 거주지역(社区) 양로

거주지역 양로는 일상생활의 수행능력이 상대적으로 저하되거나 자녀가 곁에 없는 독거노인을 대상으로 노인 식당, 돌봄센터, 위생 서비스센터 등을 통해 지역 내에서 빠르고 편리하게 양로 관련 서비스를 받을 수 있는 시스템을 일컫는다. 중국은 각 거주지역 내 양로기관에 대해 보조정책 실시하는 등 많은 혜택을 제공하고 있다.

거주지역 양로에는 크게 세 가지 형태로 다시 구분된다. ① 양로 서비스 시설을 갖추고 무상으로 돌봄센터의 서비스를 제공하는 방식, ② 거주지역 내 관련 시설이 구비되지 않아 정부에서 구매 혹은 임대의 방식으로 통해 무상 혹은 저가로 서비스 수행기관에 위탁해 운영하는 방식 ③ 보편적이지는 않으나 기존의 양로서비스 시설을 회수해 전문화된 양로기관에 이관해 운영하는 방식이 있다.

---

26) 블루오션으로 떠오르는 중국 양로 서비스 시장, KOTRA, 2020.11.27

(3) 시설 양로

 시설 양로는 양로원, 재활센터, 탁로소, 노인 아파트 등 전문화된 양로시설에서 제공하는 서비스를 말한다. 거주, 식사, 의료, 오락 등 여러 방면에서 전문적인 서비스를 제공하지만, 가격이 비교적 높다. 주로 일상의 생활능력을 크게 상실하거나 홀로 사는 독거노인이 이용하는 서비스이다.

 시설 양로는 주로 보장형, 일반형, 고급형으로 나뉜다. 보장형(保障型) 시설 양로는 주로 경로당, 사회복지원 위주로 운영이 되며 교외 지역(郊区)과 시골(향촌) 등에 위치해 있다. 정부에서 출자하거나 정부와 사회단체에서 합작해 설립되고 있으며 복지성 비영리기관으로 주로 '삼무(三无)'27)와 '오보(五保)'28)를 대상으로 한다.

 일반형 시설 양로는 영리와 비영리로 나눌 수 있으며 정부의 지원 하에 전문 서비스 운영 기구가 지정된 서비스를 제공하는 것을 주로 뜻한다. 고급형 시설 양로는 영리성 위주로 운영돼 비용이 많이 소요되나 다른 유형의 양로 시설에 비해 전문적이며 다양한 서비스를 제공해 고객의 만족도를 높여가고 있다.

나) 양로서비스 관련 주요 정책

 2017년 '스마트 건강 양로산업 발전 행동 계획에 관한 통지(2017~2020년)'가 발표된 이래, 2017~2019년 사이 총 117개의 스마트 건강 양로 시범업체와 225개의 스마트 건강 시범거리, 52개의 스마트 건강 양로 시범기지가 선정돼 운영되고 있다.

 특히 시범기지는 상하이를 비롯한 쓰촨, 저장, 후난, 다롄 등 전국 22개 성시에 고루 분포됐으며 지역 내 기본적인 산업망과 인터넷망을 상호 연결해 스마트 양로 서비스 발전에 좋은 기초를 마련해 나가고 있다. 최근, 건강관리의료 웨어러블 디바이스, 휴대용 셀프 건강감시 기기 등 양로와 관련된 스마트 제품이 속속 출시되고 있을 뿐만 아니라 5G, AI, 빅데이터, 사물인터넷 등 정보기술 발달에 힘입어 양로 서비스업과 다양한 산업이 융합돼 활용되고 있다.이러한 스마트 양로 서비스를 통해 온라인 문진, 노환에 따른 만성병 관리, 건강상담, 온라인 모니터링 등이 실시간으로 이루어지고 있으며 노인의 생활, 안전, 건강 등 여러 부분에서 다양한 수요를 만족시키고 있다.

---

27) 삼무(三无): 노동능력, 생활 근거지, 법정 부양인이 없는 사람으로 주로 호적지 이외 타지에서 일하는 사람을 가리킴.
28) 오보(五保): 주로 농촌에서 생활능력이 없는 세대나 개인을 위한 의.식.주.의료.장례 등 다섯 가지에 대해 혜택을 받는 대상을 말함.

그리고 최근 중국은 2022년 2월 22일 「14차 5개년 국가 실버산업 발전 및 양로 서비스 체계 계획」을 발표하여 기본양로보험의 보장범위를 지속해서 확대하고, 기본의료보험 체계를 개선한다고 밝혔다. 또한 실버용품, 스마트 실버용품, 재활보조기기 등 제품 생산 확대, 기술수준 향상 및 판매 플랫폼 구축 등 노인층의 소비·생활 습관 변화를 반영한다.[29]

시기	발표부처	정책	내용
2013년	국무원	양로 서비스업 발전 가속화에 관한 의견	2020년까지 재택 양로를 기초로, 거주지역 양로와 시설 양로를 뒷받침하는 양로 서비스 체계 건립
2015년	민정부	민간자본의 양로 서비스 발전 참여 장려에 관한 가이드라인	민간자본이 노인 돌봄센터, 노인 활동센터 등 양로서비스 시설 운영을 장려하며 주식제, 주식협력제, PPP(정부와 민간자본협력) 등을 채택
2017년	국무원	상업 양로보험 발전 가속화에 관한 국무원의 의견	상업 양로보험을 발전시키고 건전한 양로 보장 체계를 구축해 양로 서비스를 개선
2017년	공업 및 정보화부 민정부 국가위생 계획위원회	스마트 건강 양로산업 발전 행동 계획에 관한 통지(2017~2020년)	2020년까지 100개 이상의 스마트 건강 양로 응용모델 시범기지 구축, 선두기업 100개 육성, 스마트 건강 양로 서비스 브랜드 구축 등을 목표
2017년	재정부 민정부 인력자원 사회보장부	양로서비스업 발전 지원에 관한 정부 및 사회자본 협력모델의 활용에 관한 실시의견	정부와 사회자본 협력 모델을 활용해 양로서비스업 공급 측면의 구조적 개혁을 추진하고, 양로 서비스업 육성과 발전을 가속화 하도록 장려
2019년	국무원	양로 서비스 발전 추진에 관한 국무원 통지	양로 서비스의 공급 구조를 끊임없이 최적화 시키고 사회투자 확대와 양로 서비스의 질적 개선을 위해 2022년까지 모든 사람이 기본적인 양로 서비스를 누릴 수 있도록 보장
2019년	중국 공산당 중앙 위원회 국무원	인구 고령화 적극 대응 중장기 계획	2020년까지 인구 고령화에 대한 적극적인 제도 초보 건립, 2035년까지 인구 고령화에 대한 더욱 과학적, 효율적 제도 실시, 2050년까지 사회주의 현대화 강국에 걸맞은 인구 고령화 대비 제도 완비
2022년	국무원	14차 5개년 국가 실버산업 발전 및 양로 서비스 체계 계획	양로보험 체계 정비와 고령 인구의 의료비 부담 경감, 실버 용품 산업 확대 및 실버 용품 연구개발 강화

[표 6] 중국 양로 서비스 관련 주요 정책

---

29) CSF중국전문가포럼 '[동향세미나] 중국, 14차 5개년 국가 실버경제 육성을 위한 계획발표'

4) 중국의 장례 산업
가) 그린 장례[30]

최근 중국에서는 무덤이나 묘비 없는 그린 장례(Green Burial), 일명 친환경 장례에 관심을 두는 경우가 늘고 있다. 작년 영국 일간 가디언은 중국 내 묏자리 가격이 주택 가격을 능가해 친환경 장례를 받아들이는 중국인이 늘고 있다고 보도했다. 전통적으로 중국인들은 우리나라처럼 매장을 선호한다. 그러나 도시화로 인해 장지를 구하기 어려워지면서 상대적으로 비용 부담이 적은 그린 장례를 택하고 있다.

실제로 최근 중국 내 묏자리 가격은 천정부지로 치솟았다. 수도 베이징뿐 아니라 상하이, 선전 등 중국 대도시의 묘지 가격은 1㎡당 9만~10만 위안(약 1,700만원)에 달한다. 2022년 베이징 6순환로 외곽 지역에 위치한 묘지 가격 역시 1㎡당 16만 위안, 한화로 약 3,078만 원에 이르는 것으로 나타났다. 1㎡당 묘지 가격이 주택 가격보다 비싸다.

중국 톈서우 공동묘지의 웹사이트를 보면 3만 6,800위안(약 620만원)에서 16만 3,800위안(약 2,700만원)에 이른다. 비싼 묘지는 100만 위안(약 1억 6,800만원)에 달한다는 보도도 나왔다. 중국에서는 묏자리 가격이 급등하자 '죽을 형편이 되냐?'(死的起碼?)는 신조어까지 등장했다고 한다. 묏자리 가격이 이처럼 치솟는 이유는 수요는 늘어나는 반면 공급은 턱없이 부족해서다.

이에 첸잔 산업연구원은 보고서를 통해 2026년 중국의 장례 산업의 시장 규모는 4,114억 위안(약 78조 4,416억 원)에 달할 것으로 예상했다.

[그림 33] 중국 공동묘지에서 파는 판매용 무덤

---

30) 마지막까지 폐 끼치기 싫어서 이렇게 합니다, CCBB, 2020.11.10

장례 건수가 많아짐에 따라 관련 업체는 호황을 맞았다. 2021년 푸쇼우위안의 매출은 전년 대비 22.9% 증가한 23억 2,600만 위안(약 4,471억 7,300만 원)을 기록했다. 전년대비 순이익만 7억 2,000만 위안(약 1,384억 4,000만 원) 이상을 벌어들인 것이다.

A주에 상장되어 있는 중국 장례 회사인 푸청(福成) 그룹 역시 2021년 상반기 영업이익이 7,610만 위안(약 146억 3,320만 원)으로 지난해 대비 145% 증가했다. 전년 동기 대비 당기순이익은 4,323만 위안(약 83억 1,270만 원)에 이르는 것으로 알려졌다. 일각에서는 장례 산업의 높은 이익률을 두고 '마오타이와 같다'고 표현하기도 할 정도다.

여전히 많은 문제가 산재하지만 중국의 장례 산업은 수익률이 좋고, 향후 전망이 좋아 많은 이들이 장례 산업에 뛰어들고 있다. 현재 중국의 장례 관련 기업은 9만 5,000개에 이른다. 2022년 1월부터 3월까지 업체로 등록한 건수만 4,397개로 전년 동기 대비 30.7% 증가했다. 중국이 고령화 사회에 진입함에 따라 장례 서비스 수요가 더욱 증가할 거라는 전망이다.

최근에는 장례 서비스를 위한 O2O 서비스 플랫폼이 등장했고, 메타버스를 활용한 장례 진행도 새로운 물결을 일으켰다. 그러나 아직 유교문화권에 속한 이들의 정서를 기술이 대체할 수는 없을 듯 싶다. 무엇보다 중국 장례 산업의 규모가 커지는 만큼, 규범의 표준화와 규제가 적절히 이뤄져 소비자들도 보호받을 수 있는 시스템 마련이 시급해 보인다.[31]

한편, 심각한 묘지 난에 중국 공무원이 관을 때려 부수는 사건이 일어나기도 했다. 2018년 중국 장시 성은 매장 방식의 장례를 0%로 만든다는 목표를 세웠다. 이에 성내 각 지역에서 주민들이 보관하고 있는 관을 사들이고 있다. 장시 성에는 관을 사서 집에 보관해 두면 장수와 행운을 누릴 수 있다고 믿는 풍습이 있다. 주민이 자신의 장례를 위해 보관하던 관을 당국에 내면 대가로 2,000위안의 보상금을 받는다. 관 매입에 반대하는 주민과 마찰을 겪기도 했다. 관을 강제로 압수하는 것뿐 아니라 주민들 앞에서 관을 때려 부수기까지 했다. 또 화장 정책을 어기고 매장을 한 가족의 묘지를 찾아가 시신을 묘지에서 파내 비판받았다.

---

31) 네이버포스트 '흥정 어려운 탓... 수익률 높다는 중국의 이 산업은?'

나) 중국의 애완동물 장묘산업[32)]

죽음은 사람만 맞이하지 않는다. 동물들도 태어나면 죽기 마련이다. 중국은 급격한 핵가족화와 노령화 등으로 인해 애완동물을 키우는 사람들이 폭발적으로 증가하면서 2015년~2020년 중국 애완동물 시장 규모가 급격한 성장세를 보인 가운데 2020년 총 시장규모는 2,953 억 위안으로 전년 동기대비 33.5% 늘어났다고 밝혔다. 이처럼 사회 변화로 인해 반려견 등 애완동물을 키우는 가정이 늘어나면서 당분간 가파른 시장 성장세가 계속 이어질 것으로 업계는 내다보고 있다. 퉁화순은 2025년에 가면 애완동물 산업의 시장 규모가 8,114억 위안까지 팽창할 것이라고 전망했다.[33)]

종류	특징	가격
매장	사체를 장지로 운반 후 매장을 진행함	100위안~150위안
화장	화장터에서 화장을 진행함	소형견 : 100위안 대형견 : 200위안~400위안
수상장(樹葬)	사체 매장 후 묘지에 나무를 심는 방식으로 요구에 따라 비석을 새기기도 함	500위안~600위안
박제	사체를 표본으로 만들어줌	소형견 : 300위안~500위안 대형견 : 1000위안~1500위안

[표 7] 중국 주요 애완동물 장례 서비스

중국의 애완동물 장묘업은 2000년대 초반까지 주로 사후 화장을 했으나 최근 장례서비스가 다양해졌으며, 비싼 가격에도 이용자들이 많다고 한다. 최근 10년 이래 베이징, 창핑, 따싱 등 교외지역에 애완동물 전용 묘지가 형성되었으며, 베이징의 한 전용묘지는 3,000개의 묘지가 마련돼 있으나 반 이상 자리가 찼고, 매년 300~400여 마리의 개, 고양이, 거북이, 산양 등 다양한 동물들이 안치된다.

중국에서 매년 처리해야 하는 애완동물 시체는 1,000만 마리 이상이며, 이는 환경문제와 직결돼 중국 정부에서 해외 애완동물 시체 처리 방안에 주목하고 있다. 현재 중국의 애완동물 장례 시 주로 묘지 안치가 이루어지며, 애완동물 장례용품 가격이 한국에 비해 비싼 편임에도 불구하고 수요가 크다. 중국의 애완동물 장묘업은 아직 미성숙한 단계이지만, 인구 고령화 추세와 2인 미만 가구의 증가, 애완동물에 대한 중국인들의 관심 증가 등이 맞물려 시장 확대 가능성이 매우 큰 산업이라고 할 수 있다.

---

32) 출처 : kotra 해외시장뉴스. 2014.05.30.기사
33) 아이는 못가르쳐도... 중국 애완동물 시장 로켓 성장 유망 섹터 주목, 뉴스핌, 2021.06.21

다. 미국

1) 미국의 시니어산업 현황[34]

경제활동 인구 또는 고용인구가 뒷받침되지 않은 상태에서 경제성장을 이어가는 것은 어느 나라든 불가능한 일이다. 현재 세계 1위 경제대국인 미국도 예외는 아니다. 출산율이 지속적으로 하락하는 가운데 미국 인구 역시 지난 1950년대 이후 감소 추세를 보여 왔기 때문이다.

특히 1990년대 이후 인구 증가율이 급격히 추락하고 있는데 지난 2020년 터진 신종 코로나바이러스(코로나19) 사태의 여파로 낙폭이 더 커지면서 인구 감소 발 경제 후퇴 가능성에 대한 우려가 그 어느 때보다 커지고 있다.

그러나 미 인구조사국이 발표한 '2022년 인구 통계'는 한 가닥 희망의 빛을 던진 것으로 보인다. 2022년 미국 인구가 2021년과 비교해 비록 소폭이지만 약 120만 명 증가한 것으로 집계됐기 때문이다.

미 인구조사국에 따르면 2022년 기준 미국 인구는 3억 3,330만 명으로 집계됐다고 밝혔다. 지난 지난해와 비교해 약 130만 명이 늘어나 지난해 대비 0.4%의 증가율을 기록한 것으로 나타났다. 지역별로 보면 뉴욕주, 뉴저지주, 매사추세츠주를 중심으로 한 동부 지역에서는 약 20만 명이 줄어든 반면 텍사스주와 플로리다주를 비롯한 남부 지역에서는 13만 명 가량 늘어난 것으로 나타났다.

미국에서 인구가 가장 많은 캘리포니아 주에서는 인구가 11만 명 줄어 3,900만 명을 겨우 유지한 반면, 캘리포니아에 이은 '제2의 실리콘밸리'로 부상하고 있는 텍사스 주의 인구는 반대로 증가한 결과 3,000만 명을 돌파, 미국에서 두 번째로 인구가 많은 지역으로 떠오른 것으로 나타났다.

미 인구조사국에 따르면 미국 인구가 2021년과 2022년 사이에서 소폭이나마 증가한 배경에는 출생아 수에서 사망자 수를 뺀 인구 자연증가 분이 24만 5,000여명을 기록한 것이 작용한 것으로 때문으로 분석됐다. 지난 2007년 이후 인구 자연증가가 확인된 것은 처음이라고 미 인구조사국은 설명했다.

그러나 브루킹스연구소의 인구조사 전문가 윌리엄 프레이는 AP통신과 인터뷰에서 "환영할 일인 것은 맞지만 이민자가 아니었다면 불가능한 일 이었다."고 지적했다. 2021년 미국으로 이민 온 사람의 규모가 새로 들어온 사람에서 새로 나간 사람을 뺀 순유입 규모를 기준으로 보면 100만 명을 넘어섰기 때문이다.

---

34) 출처 : 시니어타임즈 2015.08.20.기사

지난해 37만 여명에 그쳤던 순 이민자 규모가 1년 사이에 무려 169%나 급증한 것으로 나타
났다는 얘기다.

미 인구조사국은 "이민자 순유입 규모가 크게 증가한 것이 미국 인구를 그나마 증가시킨 가
장 주된 배경"이라고 설명했다. 이어 "고용시장 경색에 따른 구인대란이 여전히 이어지고 있
고 베이비붐 세대의 은퇴 물결이 본격화된 상황에서 미국의 출산율 하락은 미국 경제의 앞날
을 어둡게 하는 배경"이라면서 "이민자, 특히 젊은 세대 중심의 이민자가 크게 유입되지 않으
면 미국 인구를 지탱하는 것 자체가 얼마나 어려운 일인지를 알게 해준다."고 지적했다.[35]

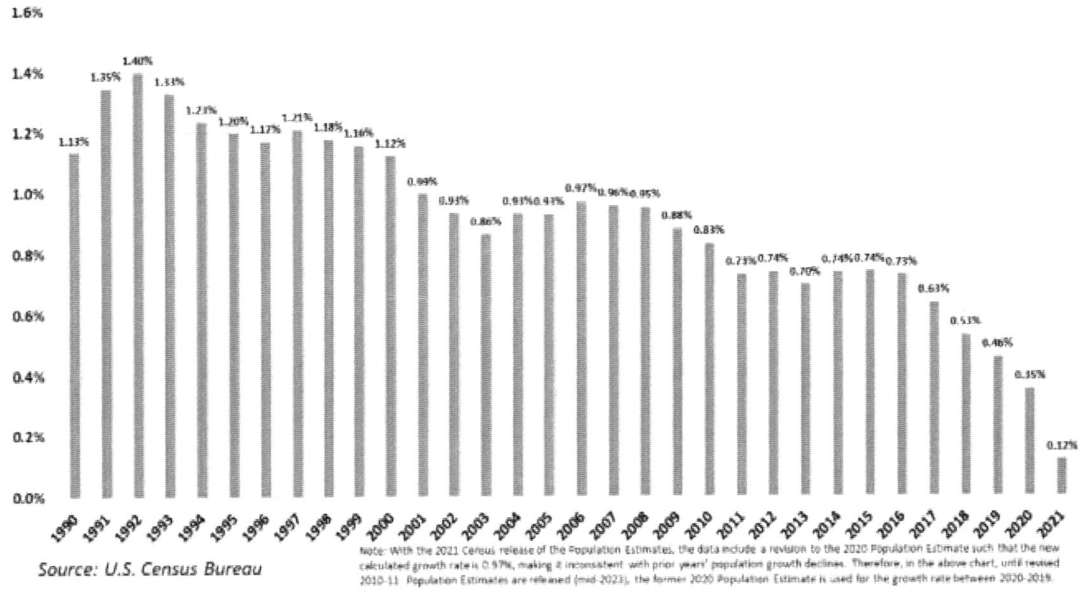

그림 34 미국의 인구 증가율 추이

미국은 서유럽 국가들과 달리 민간이 공공 부문보다 다양한 복지 서비스를 주도하고 있다.
시니어 산업에서도 민간주도형 유료노인주택 등 요양 분야가 활성화돼 있다. 미국의 시니어
산업의 유형은 홈케어서비스, 중간보호시설 및 1-Day 시니어케어 사업, 유료 양로 및 요양시
설, 시니어 전용 의료서비스 산업, 케어하우징 운영사업, 시니어를 대상으로 하는 관광·취미·
오락 프로그램 제공 사업, 시니어 전용 식당이나 시니어만을 대상으로 하는 재활센터 등으로
나뉜다.

미국의 홈케어 대행업소는 수익자 부담이다. 자녀의 주택 바로 옆에 조립식 집을 지어 자녀
와 동거하는 것 같은 보살핌을 받을 수 있는 ECHO(Elder Cottage Housing Opportunity)와
같은 독특한 시스템도 있다.

---

35) 글로벌이코노믹 '[초점] 美 인구 올해 소폭 증가…이민자 급증 덕분'

국가적으로는 고령 시니어의 일상생활을 도와주는 노인계층지원센터(aging network service center)가 지역단위로 구성돼 있다. 미국 서비스 캘리포니아나 애리조나 등 기후가 좋은 곳에는 실버타운만 3,000개가 넘을 정도로 성행한다. 이들과 함께 거주하며 돌봐주는 실버 서비스는 이미 사업모델로 정착돼 있다. 단순히 보조 의료기기 등을 만들어 파는 제조업 위주에서 벗어나 보다 고부가가치 산업인 서비스업 위주로 시니어 산업이 재편되는 중이다.[36]

2) 미국의 장례 산업

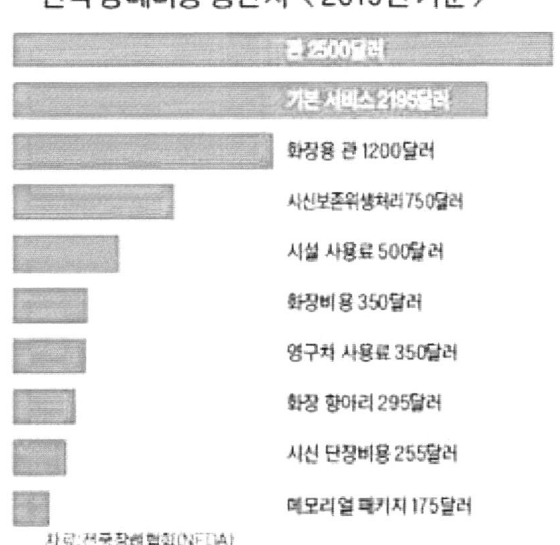

세계 장례시장 규모는 2020년 기준 1억 9,900만 달러이나 2025년 말에는 1억 3,100만 달러가 될 것으로 예측하고 있으며 2023년부터 2028년까지의 연평균 성장률(CAGR)은 6.99%로 전망하고 있다.[37] 이 외에 미국 장례 지도사 협회가 공개한 서비스별 비용을 살펴보면, 매장용 관과 기본 서비스만 4,695달러가 들었다. 여기에다 시신 보존 위생처리(embalming) 비용 750달러와 장의 시설 사용료 500달러가 든다. 또 영구차 이용(350달러), 시신 단장비용(255달러), 메모리얼 패키지(175달러) 순으로 나타났다.

이 비용은 중간 가격일 뿐 선택하는 장례용품과 서비스에 따라 변동이 크다. 관 가격은 평균 2,000~5,000달러 선이지만 1만 달러가 넘는 관도 있다. 거기에다 장례식에 추가하는 꽃값이나 화관 등을 추가하면 1,000달러까지 늘어날 수 있다. 묘지 가격도 지역에 따라 천차만별이다. 대도시일수록 비싸다.

---

36) 美 시장규모 3조 달러… 日 인구비중 24%… 시니어의 경제력, 신규사업의 금맥!, DBR, 2012.09
37) STV뉴스중심 '세계 장례업 연평균 장례업 수익률 3.2% 평균 6년치'

미국의 장묘문화는 장례예식장을 중심으로 정착했는데 장례예식장은 일종의 교회로 장례식장을 별도로 설치하여 교회에서 영결식 후 교회 부속의 묘지에 매장을 한다. 화장보다는 기독교 신앙을 바탕으로 주로 매장하는 관습이 있다. 매장 형식은 봉분은 만들지 않고 관의 크기만큼 땅을 파서 묻는 평장의 형식으로 재산이나 지위고하를 막론하고 모두 1평의 면적을 사용한다.[38]

하지만, 미국에서도 2015년을 기준으로 화장의 비중이 매장의 비중보다 높아졌다. 이는 경제적인 부담이 덜한 화장을 선호하는 사람들이 늘어났고, 몇몇 종교에서 화장을 인정하면서 화장에 대한 긍정적인 인식도 함께 늘어났기 때문으로 예상된다.

이에 따라 2025년 화장 비율은 매장 비율을 앞선 63.8%가 될 것이라고 전망했으며 2035년에는 10건 중 8건에 가까운 78.8%로 급증할 것으로 내다봤다. LA를 포함한 서부지역은 화장 비율이 높다고 한다. 이처럼 화장 비율이 느는 이유로 매장보다 저렴한 비용과 장례절차의 간소화 선호 경향, 그리고 거부감 감소 등이 꼽혔다.

미국 LA시의 평균 화장 비용은 2,600~3,000달러 선이다. 또 직업 등의 이유로 가족 모두가 한 곳에 모이기 힘든 사회구조 때문에 장례 절차가 간단하고 빠른 화장이 새로운 라이프 스타일과 맞는 점도 증가 이유로 분석됐다. 여기에다 화장에 대한 종교적 인식 변화와 소비자의 거부감 감소도 일조하고 있다고 한다.[39]

최근에는 미국에서 시신이 미생물에 의해 자연스럽게 분해될 수 있도록 유도하는 '자연장'이 트렌디한 장례방식으로 주목받고 있다. 자연장은 '그린(Green)장', '친환경 장례' 등으로 불리며 국가마다 다양한 형태로 행해진다.

---

38) 상수리나무선교회
39) 하늘문화 '미국장례비 평균 8000불, 비용저렴 절차간단 화장 증가'

가) 미국 장례문화의 특징[40]

[그림 36] 미국의 장례문화 뷰잉

[41]미국의 장례문화는 몇 가지 다른 점에서 다른 나라들과 다른 특색을 보인다. 서구 선진산업국가의 어디에서도 볼 수 없는 시신을 방부제 처리하여 조문객에게 보여주는 것이 관행화되어 있다. 또 다른 특징은 여러 민족이 혼합된 국가에서 장례만큼은 민족이나 종교 등에 관계없이 일부의 예외적인 경우를 제외하고는 대부분 동일한 의식 절차를 따른다는 점이다. 또한 장례에 있어서 장의사의 역할 및 사회적 영향력이 다른 어느 나라의 경우보다도 크다는 점 또한 미국 장례 서비스 산업의 특징이라고 할 수 있다. 또한 부의금을 전달하는 관습은 없으나, 대신 고인의 이름으로 기금을 조성하는 경우가 있으며, 성묘는 보통 3대까지 한다.

나) 미국 장묘문화의 특징[42]

미국의 장례 방법은 매장과 화장이 있다. 매장은 주마다 법률이 다르지만 법 규정과 관계없이 거의 대부분 공동묘지에 관을 이중으로 하도록 요구하고 있다. 일반적으로 '관'이라고 부르는 '속관(casket)'이 있고, 이 속관을 둘러싸는 돌로 만든 '겉관(outer interment receptable)'이 있다. 땅을 파서 겉관을 묻고 그 속에 속관을 넣는다. 겉관을 묻는 가장 큰 이유는 주로 나무로 된 속관이 썩어서 땅이 꺼지는 것을 막기 위해서다. 또 돌로 된 겉관은 물이나 나무뿌리가 시신을 훼손하는 것도 어느 정도 막아준다.

---

40) 출처 : 매경이코노미
41) 출처 : 상조장례뉴스
42) 출처 : 중앙일보뉴욕 2014.09.16.기사

[그림 37] 미국의 나무관(속관) 샘플

44)기독교의 전통이 강하고 넓은 땅을 가지고 있는 미국에서는 그동안 화장이 많지 않았으나 최근에는 화장의 비율이 크게 증가하고 있다.

화장에는 크게 두 종류가 있다. 첫째는 화장을 해서 유골(ash)만 보호자에게 넘겨주는 것이고 둘째는 일반 매장과 같이 뷰잉과 예식을 치르고 화장을 하는 경우다. 두 번째 경우에는 뷰잉과 예식을 위해 그때만 장의사에게 관을 렌트하는 것도 가능하다.

다) 미국 친환경 장례45)

미국에서 새로운 장례법이 사람들의 관심을 받고 있다. 바로 '녹색매장'(Green Burial)이다. 녹색매장은 일반적인 매장이나 화장과 달리 방부제 처리나 기타 화학 처리를 하지 않은 시신을 생분해성 관에 넣어 매장하는 것이다. 썩지 않는 일반적인 매장과 달리, 녹색매장은 시신과 관까지 다 분해되기 때문에 종국엔 모두 토양으로 돌아가게 된다.

2008년 미국의 로렌스(Lawrence)주는 공공 소유의 공동묘지에 녹색매장을 최초로 허용했다. 이것이 녹색매장의 첫 시작이다. 합법적으로 소나무, 면화 또는 실크와 같은 생분해성 관에 시신을 넣어 매장할 수 있는 것이다.

미국 장례식 이사협회(이하 NFDA)에서 진행한 조사에 따르면 "미국인의 약 54%가 녹색매장을 고려하고 있다"고 밝혔다.

---

43) 출처 : LA중앙일보
44) 출처 : 한국일보 2017.08.19.기사
45) 장례문화도 친환경 바람...흙으로 돌아가는 '녹색매장', 뉴스트리, 2021.03.26

[그림 38] 생분해성 관을 매장하는 '녹색매장'

(1) 미국 장례식의 최근 트렌드

개인 성향에 맞는 장례절차가 인기를 끌고 있다. 베이비붐 세대들은 사전에 자신과 가족들의 장례 절차 계획을 수립하며 기존 전통적인 장례절차를 따르기보다 가치에 근거한 장례 절차를 선호하는 추세이다. 고인에 대한 의미 있는 애도와 장례식을 치르기 위한 개인 성향에 맞는 절차가 선호되고 있다.

사전 장례식 계획이 증가하고 있다. 피할 수 없는 죽음에 대해 사전에 가족들이 인생을 축하하도록 계획한다. 개인적인 소회, 좋아하는 음악, 취미활동, 업적 등을 보여주는 장례를 진행한다. 사전 장례식은 사전에 장례비용을 지불해 사후에 가족들의 장례비용 부담을 줄여주는 효과도 있다

또한, 그린 장례식이 늘어나고 있다. 미국인들의 친환경 인식 증가로 그린 장례절차와 그린 장례용품 선호가 증가하고 있다. 이처럼 사람들의 인식이 바뀌면서 자연스럽게 친환경 장례용품 개발 및 사용이 증가하였다. 재활용 종이제품, 오가닉 꽃, 오가닉 식품, 생분해성 의류, 관, 무(無) 포르말린 제품 등의 사용이 늘고 있다. 그리고 자연과 어울리는 장례식 세팅, 소규모 장례식 등 친환경적인 절차 진행이 늘고 있다.

(2) 그린 장례용품 사례

① 친환경 수의

[그림 39] Infinity Burial Suit (친환경 수의)

위 사진의 친환경 장례용품은 오가닉 면과 버섯, 오가닉 물질로 만든 수의, 시신 싸개, 관 내
피 등이 있다. 신체의 독을 제거하고 인간 몸에 남은 영양분을 흙에게 돌려주는 의미가 있다.
화학물질이나 방부제, 화석연료 등을 사용하지 않았다. 가격정보는 수의 1,500달러, 장막
1,500달러, 관 내피 750달러, 애완동물용 장례용품은 75~200달러이다.[46]

② 화장한 유골단지

[그림 40] Bio Urn (화장한 유골단지)

위 사진의 유골단지는 유골 재를 흙과 섞어 넣은 생분해 단지에서 나무가 자라게 한다. 흙에
는 센서를 넣어 고객의 스마트폰에 업데이트 정보를 보내준다. 킥스타트에서 8만 3,000달러
펀드 모집을 했고, 6만 개 이상 판매했다. 가격은 개당 145달러이다.[47]

---

46) 출처 : KOTRA 해외시장뉴스
47) 출처 : 앞과 동일

③ 시신 싸개

[그림 41] Shrouds (시신 싸개)

위 사진의 시신 싸개는 실크, 오가닉 면 등 화학물질 없는 천연 섬유로 제조되었다. 디자이너가 섬세하게 디자인하고 시신에 대한 애정과 존경을 담은 제품이다. 시신 싸개 제품으로 그린 인증을 받을 유일한 제품이다. 가격은 499달러 수준이다.[48]

---

48) 출처 : 앞과 동일

라. 유럽

1) 스웨덴의 시니어산업[49]

스웨덴은 인구의 약 20%가 고령인 국가이다. 의료기술의 발달로 수명이 늘어나면서 2025년에는 65세 이상의 인구비율이 20.2%인 초 고령사회로 진입하고, 2030년에는 65세 이상 인구가 240만 명을 넘어 총 인구의 21.0%가 될 것으로 전망한다. 특히, 2030년 80세 이상 인구는 7.1% 수준까지 올라갈 전망이다.

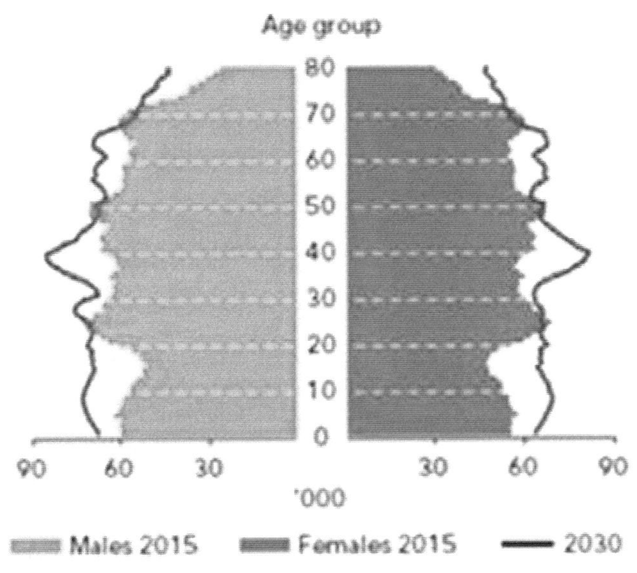

[그림 42] 스웨덴의 인구 피라미드

현재 스웨덴의 공식 정년 연령은 65세로, 정년이 시작되는 65세부터 시니어세대로 간주한다. 전체 인구의 약 20%를 차지하는 스웨덴 시니어세대는 수명 연장과 안정적인 사회복지를 기반으로 이전 세대에 비해 활동적일 뿐만 아니라 삶을 즐기는 성향이 높다. 특히, 기본적인 복지는 국가가 책임져주기 때문에 매달 정부에서 지급되는 연금은 좀 더 풍성하고 편리한 삶을 누를 수 있는 개인 소비용품에 대한 지출로 이어지고 있다. 관련 바이어(URI Form사)에 따르면, 스웨덴 시니어산업은 매년 5~10%씩 꾸준히 성장하고 있으며, 고령인구 증가와 함께 지속적인 성장을 할 것으로 예상된다.

---

49) 출처 : KOTRA 해외시장뉴스

스웨덴 시니어들의 구매성향을 살펴보면, 일반적으로 내구성이 강한 제품을 선호하고 충동구매를 하지 않는다는 공통적인 특징을 보인다. 80세 이하의 젊은 시니어들은 의류나 신발 등 패션제품, 화장품, 인테리어 제품, 웰빙 식품, 여행상품, 휴대폰 등 개인전자제품 등에 관심이 높은 편이고, 80세 이상 시니어 층에서는 보조기기나 재활기기 수요가 큰 편이다.

현재 스웨덴에 출시된 시니어 제품은 시니어 세대를 타깃으로 만든 신제품과 기존 제품을 시니어 세대가 쉽게 이용할 수 있도록 개선한 제품 등 2가지 형태가 있다.

시니어 세대를 타깃으로 한 신제품으로는 실과 바늘세트(눈에 보이지 않아도 실과 바늘을 쉽게 결합할 수 있는 도구), 약 빼내는 도구(약과 같이 필름 속에 들어있는 조그만 알맹이를 쉽게 눌러 빼내는 도구)와 같이 일상생활을 용이하게 해주는 생활밀착형 제품은 물론, IT기술을 이용한 위치추적기기 등 다양하다.

2) 네덜란드의 시니어산업[50]

네덜란드 통계청 CBS에 따르면 65세 이상의 인구는 2012년에 이미 270만 명에 이르렀으며, 2041년에는 470만 명으로 정점을 찍을 것으로 예상된다. 네덜란드는 이미 고령사회에 진입했고 2020년에는 초 고령사회로 진입했다. 1946년에서 1970년 사이에 태어난 베이비붐 세대가 2011년부터 65세 이상 노년기에 접어들면서 노인 인구가 급증하기 시작했다.

노인 인구의 급증으로 네덜란드는 노인을 타깃으로 한 스마트 제품 개발이 한창이다. 노인들이 자립적으로 생활하는데 도움을 줄 수 있는 앱과 제품 제작이 활발하게 진행 중이다. 약 복용 시간을 챙겨주는 앱, 독거 노인을 위한 홈 오토메이션, 노인을 대상으로 한 스마트 자전거 등이 이미 시중에서 사용 중이거나 상용화 단계에 있다.

네덜란드는 자전거가 생활의 필수품으로 시민들은 단거리 이동의 대부분을 자전거를 이용한다. 노인들도 몸이 불편한 경우가 아니면 자전거를 이용한다. 하지만 노인들은 지각능력이나 신체기능이 후퇴하기 때문에 자전거 사고가 많이 일어난다. 자전거에서 넘어지는 일은 55세부터 크게 증가하고, 65세 이상의 노년층이 자전거 사고의 절반 이상을 차지하는 것으로 나타났다. 노인들의 자전거 사고를 방지하기 위해 네덜란드 응용과학연구원(TNO), de Fietserbond (네덜란드 사이클리스트 연합), Roessingh Reserch and Development(PRD; 사회복지관련 기술 연구센터)가 스마트 자전거를 개발 중이며 곧 상용화 될 것으로 예상된다.

---

50) 출처 : KOTRA 해외시장뉴스

스마트 바이크의 특징은 연구에 따르면 노년층은 어깨 뒤로 후방을 주시하는 것에 어려움을 느끼기 때문에 뒷바퀴에 카메라를 설치하고 자전거 앞부분에 테블릿을 달아 정자세에서도 후방을 볼 수 있게 하였다. 또한 전면에 레이더로 도로 한가운데 있는 보호기둥이나 주차된 차량 같은 방해물을 감지하여 안장과 핸들에 장착된 진동 시스템이 위험한 상황이 있을 때를 알려준다.

최근 네덜란드에서는 1,400개 이상의 치유농장이 농가 소득 창출과 복지 실현에 앞장서고 있다. 네덜란드는 치매와 노인성 질환, 발달장애인, 자폐증, 알코올 중독 등 다양한 사람들이 케어팜을 이용할 수 있도록 국가에서 지원한다.[51] 또한 네덜란드의 OOPOEH는 고령친화도시로 55세 이상 노인들이 바쁜 이웃의 반려 견을 시간 날 때마다 돌볼 수 있도록 노인과 반려견, 이웃을 이어주는 사업을 추진하고 있다.[52]

3) 독일의 시니어산업[53][54][55]

유럽 최대 경제국인 독일은 노인인구 비중이 높아 '노인천국'으로 불리고 있으며, 다른 유럽 국가에 비해 고령화 양상이 매우 심각한 상황이다.

독일의 경우 2035년 65세 이상 노인인구가 현재의 2배 이상 늘어 전체 인구의 30%를 차지할 전망이다. 특히 1950년대에서 1960년대에 태어난 독일 베이비붐세대는 현재 노동시장에서 중추적인 역할을 담당하고 있다. 베이비붐세대들이 2010년부터 퇴직을 시작하고, 이들 대부분이 2020년 이후부터 연금생활자로 진입하고 있다. 이에 따라 노동시장의 공백이 예상된다.

전문가들은 부유한 고령층이 의료 서비스와 명품 등에 대해 엄청난 수요를 보일 것으로 예상한다. 이번 코로나19 봉쇄 기간에 노인들이 인터넷을 강제로 접하면서 전자상거래와 소셜미디어 사용도 활발해질 전망이다.

65세 이상 인구는 전 세계에서 2050년까지 지금의 두 배인 15억 명 이상으로 증가, 고령층의 경제적 영향력을 대폭 확대할 전망이다. 월드데이터랩은 전 세계 노년층의 총지출 규모가 2020년 기준으로 약 8조 4,000달러(약 9,370조 2,000억 원)에서 향후 10년 동안 14조 달러로 급증할 것으로 추산했다. 독일은 4,721억 달러에서 6,608억 달러로 각각 늘어날 것으로 추정된다.

---

51) 치유농장 케어팜 국내 확산…실버산업 미래로 '주목', 디멘시아 뉴스, 2020.03.04
52) 전라북도 고령친화도시 조성의 필요성 및 과제, 전북연구원, 2020.05.21
53) 독일, 온라인 실버 서퍼 수요를 노려라, KOTRA, 2021.02.02
54) 시니어신문 '독일, 고령인력이 나라 살린다…민간단체 중심 활발한 사회활동 유지'
55) 글로벌경제 '포스트코로나 시대, 투자 테마는 노인 소비'

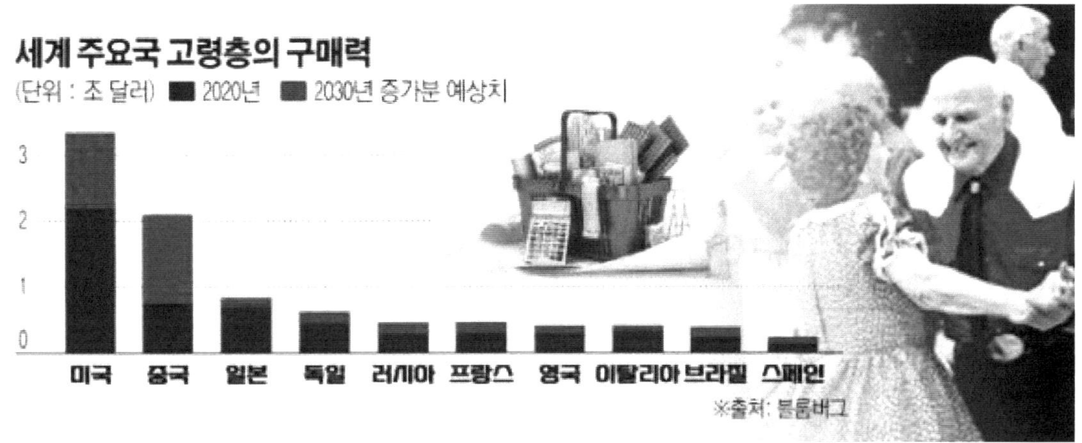

    독일의 경우 안정된 노후 연금 등으로 실버층의 구매력이 꽤 큰 편이다. 이들은 IT 기기 조작에도 능숙한 이른바 '스마트한 시니어'로 독일에서는 이러한 소비자층을 '50+'로 부르기도 한다. 이들은 비교적 탄탄한 경제력을 토대로 고가의 제품도 쉽게 구매하면서 코로나19의 부정적 영향에서 높은 성장세를 보인 온라인 시장의 견인차 역할을 하고 있다. 이들을 겨냥한 시니어 또는 실버 소비 시장은 이미 오래전부터 유망한 시장으로 주목받고 있는데, 세상이 스마트해질수록 스마트폰을 이용하는 시니어나 노년층이 크게 늘면서 기존의 실버 상품 외에도 스마트한 시니어를 위한 제품군에 대한 구매 수요도 큰 편이다.

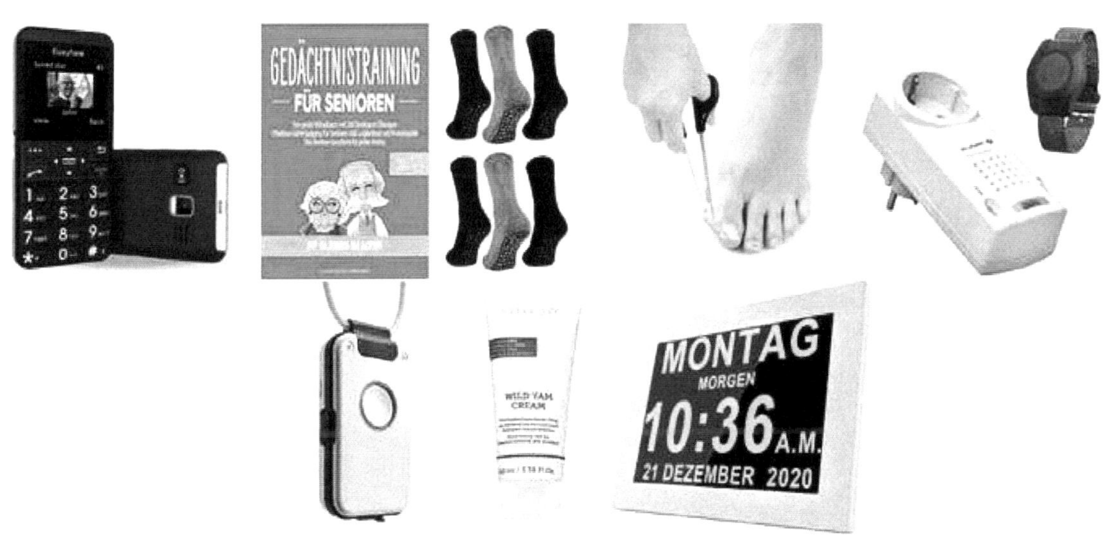

[그림 44] 실버 서퍼 공략 제품

마. 인도[56)

1) 인도 실버산업 확대

유엔인구기금(UNFPA) 2020년 보고서에 따르면, 세계 전체 인구 중 약 7억 2,493만 명이 65세 이상이다. 인도의 경우, 현재 65세 이상 노인 인구(Elderly Population)는 약 1억 3,000만 명이다. 이 수치는 2026년에는 1억 7,300만, 2050년에는 3억 명을 돌파할 것으로 예상된다. 이는 지금부터 30년 후 노인 비중이 인도 전체 인구의 25%를 차지할 것임을 의미한다.

인도 산업연합(Confederation of Indian Industry) 연구 자료에 따르면, 실버상품시장(Senior Consumer Market)은 가정 건강관리, 엔터테인먼트, 여행, 라이프스타일 제품, 택시 서비스, 은행 서비스, 진단 서비스, 식료품, 생명보험, 건강보험, 의약품, 의료제품, 금융 서비스 등으로 세분화될 수 있다.

상품별	시장 크기 *(인도 루피, 단위: 천만 루피)	시장 크기 (미국 달러**, 단위: 백만 달러)
가정 건강 관리 (Home health care)	1165	159
엔터테인먼트 (Entertainment)	1086	149
여행 (Tours & Travel)	36,404	4,983
라이프 스타일 제품 (Lifestyle products)	39,488	5,405
택시 서비스 (Cab services)	3,640	498
은행서비스 (Banking)	167,458	22,921
진단 서비스 (Diagnostics)	5,825	797
식료품 (Grocery)	64,826	8,873
생명 보험 (Life Insurance)	62,615	8,570
건강 보험 (Health Insurance)	43,685	5,979
의약품 (Pharmacy)	43,685	5,979
의료 제품 (Medical Products)	2,031	278
금융 서비스 (Financial services)	785,035	107,451

[그림 45] 인도의 실버산업별 시장규모

실버세대의 구매력이 향상됨에 따라 노인을 위한 라이프스타일 제품에 대한 수요가 빠르게 증가할 것으로 예상된다. 1990대 초 인도는 경제 개혁을 통해 지난 30년간 비교적 높은 성장률을 경험했다. 이와 같이 높은 경제성장을 경험했던 당시의 젊은층이 2020년대가 되며 구매력을 갖춘 실버세대가 됐다. 그러므로 2020년대 이후부터 인도의 실버세대는 이전 세대와 다르게 실버상품에 대한 구매의향과 구매력을 갖춘 것으로 판단된다.

4차 산업기술이 발달함에 따라 실버세대에게 맞춤형 서비스를 제공하는 상품이 점차 관심을 끌 것으로 보인다.

예를 들어, 인공지능 기술이 발전함에 따라 심리적 불안에 처한 노인을 정신과 의사와 원격으로 연결하는 AI 기반 카메라는 노인의 우울증과 불안을 관리하는 데 도움이 될 수 있다. 사

---

56) 인도 실버시장의 등장과 주요 트렌드 소개, KOTRA, 2021.02.01

회적 고립의 위험에 처한 노인에게 맞춤형 간병인 및 대화 도우미 제공, 정서적 만족을 위한 컨설팅 등 시범적으로 등장하고 있다.

2) 인도의 사회보장제도

인도의 노인들에게 사회 보장을 제공하는 것을 중앙정부 및 주정부 별로 다양한 제도들을 시행 중이다. 세계 인구의 고령인구 구성비는 2022년 9.8%에서 2070년 20.1%로 10.3%포인트로 증가하고 있는데, 그 중 인도는 6.9%에서 23.2%로 증가됨을 착안하여[57] 노인 대상 금융 지원이 이뤄진다.

① 바리샤 메디클레임 정책(Varishta MediClaim Policy)

인도 중앙정부는 의료 인플레이션 시대에 노인들이 건강 보험 혜택을 받을 수 있도록 하기 위해 노력하고 있다. 바리샤 메디클레임 정책은 65세에서 80세 사이의 노인들이 이용할 수 있다. 소득 서류에 대한 확인 이후 위중한 질병과 입원 및 치료를 위해 10만~20만 루피 상당의 혜택을 제공한다.

② 프라단 만트리 의료 지원정책(PM Health Scheme, PM-JAY)

프라단 만트리 의료지원정책(PM-JAY)는 모디 정부에서 2018년부터 출시된 가장 큰 건강 보장제도 중 하나이다. 소득이 없는 노인 및 기준 소득에 미달인 빈민 가구를 대상으로 입원 및 치료를 위해 가구당 연간 최대 50만 루피의 건강보험을 제공한다.

[그림 46] 프라단 만트리 의료 지원정책 소개(PM Health
Scheme, PM-JAY)

③ 노인 저축제도(SCSS, Senior Citizen Savings Scheme)

인도의 노인 인구의 저축 확대를 위해 시행되는 제도로써, 65세 이상의 노인은 최소 1,000루피부터 최대 150,000루피까지 저축 계좌를 개설할 수 있으며 세액 공제 등의 혜택을 제공한다.

---

57) 세무사신문 '50년뒤 한국인구 절반이 65세 이상 노인…세계서 가장 늙은 국가'

04

국내 시니어산업 동향

4. 국내 시니어산업 동향

가. 오팔 세대의 등장58)

OPAL은 'Old People with Active Lives'의 약자로 2002년 일본에서 유래되었다. 일본의 경제전문가 니시무라 아키라의 저서 「여자의 지갑을 열게하라」에서 'OPAL族'이라는 용어가 처음 등장했다. 국내에서는 「트렌드코리아2020(김난도)」를 통해 소개되었으며 베이비붐 세대를 중심으로 한 5060 액티브 시니어 소비자를 '오팔세대'로 명명했다. 특히 베이비부머를 대표하는 58년 개띠의 58과 발음이 같으며, 액티브 시니어의 다채로운 행보가 모든 보석의 색을 담고 있는 오팔 보석의 색을 닮았다는 중의적 의미를 내포하고 있기도 하다.

소비시장에서 오팔세대의 영향력이 확대되면서 골든그레이, 어반그래니, 실버서퍼 등 오팔세대의 특징을 표현하는 다양한 신조어가 지속적으로 생성되고 있다. 오팔세대는 액티브시니어59), 욜드60), 써드에이지 등과 유사한 개념이나 단일화 된 연령정의는 없다.

용어	의미
뉴 시니어 (New Senior)	여유있는 자산을 기반으로 적극적인 소비활동을 하는 노년층
골든그레이 (Golden Gray)	구매력을 바탕으로 젊은층 이상으로 활발한 문화생활을 즐기며 소비시장에 막대한 영향을 미치는 실버세대
어반그래니 (Urban Granny)	자기관리/개발에 시간과 돈을 아끼지 않는 세련된 5060 여성
실버서퍼 (Silver Surfer)	스마트폰, 태블릿 등 스마트 기기조작에 능숙하며 인터넷 서핑을 즐김

[표 8] 오팔세대와 유사한 개념의 신조어

정부도 이전 세대와는 다른 특성을 보유한 5060세대를 '신(新)중년'으로 명명했다. 신 중년은 주된 일자리에서 퇴직하고 재취업 일자리 등에 종사하며 노후를 준비하는 과도기 세대를 지칭한다.

---

58) 트로트 열풍으로 보는 오팔세대의 부상과 팬덤경제, 하나금융그룹, 2021.02.26
59) 미국 시카고대학의 심리학 교수였던 뉴가튼(Neugarten, B. L.)은 75세이후를 노인으로, 40~49세의 은퇴를 앞두고 준비하는 세대를 프리 시니어(Pre-Senior), 50-75세의 경력, 경제력 및 왕성한 소비력을 갖춘 세대를 액티브시니어(Active-Senior)로 정의했다.
60) 욜드(Young-old) 또한 일본에서 처음 만들어진 신조어로 1946~1964년 태어난 베이비붐 세대가 주도하는 '젊은 노인층'을 가리킨다. 이 세대는 건강하고 부유하며 그 규모도 커 은퇴 후에도 사회·경제·정치적으로 큰 영향력을 미칠 것으로 예상되며, 최근 이코노미스트는 2020년 세계경제대전망(The World in 2020)을 통해 욜드집단을 지금까지 존재했던 어떤 노인 집단과도 다르다고 평가하며 이들 세대의 선택이 각종 서비스 분야와 금융시장, 유통 트렌드까지 뒤흔들 수 있다고 전망했다.

한국고용정보원 고용동향브리프에 따르면 2019년 기준 신 중년은 1천 467만 명으로 전체 인구의 28.4%다. 2030년 32.1%로 정점에 이를 전망이다. 최근 5년간의 신 중년 경제참여는 확대되어 연평균 2.9%씩 증가했다.[61]

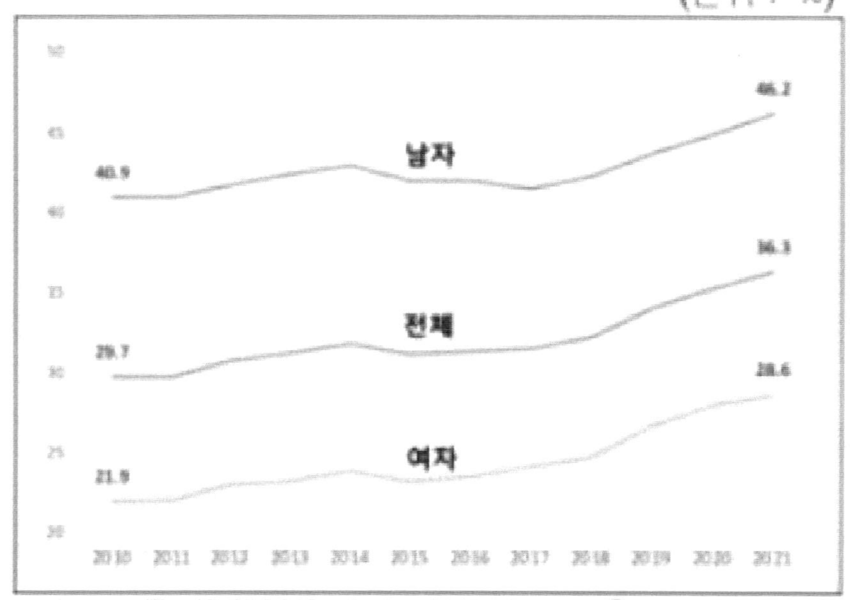

신 중년은 노동시장에서 은퇴해야하는 연령대로 인식되는 고령자나 노인을 대신해 활력 있는 생활인이라는 긍정적 의미를 담은 정책용어로 활용되고 있으며, 정부는 지식과 경험을 갖춘 퇴직 신 중년들의 재능을 은퇴 이후에도 활용할 수 있도록 정책을 마련하여 개인 소득을 창출하면서, 동시에 지역사회 발전에 기여하도록 하고 있다.

---

61) 매일노동뉴스 ''매년 3% 증가' 신중년, 재취업시 하향 취업 뚜렷'

[그림 49] 100세 시대 신중년 개념과 활동

1) 오팔세대의 특징
가) 급격한 경제·사회·문화적 성장과 진화 경험

오팔세대는 1970~2000년대 고도 성장기에 청·장년기를 보낸 세대로 사회적 제도와 인프라 혜택을 누리면서 산업화의 주역으로 활약했다. 동기간 GDP 연평균 성장률이 19.6%로 경제성 장의 결실을 경험한 집단으로 대부분 금융과 부동산으로 자산을 형성하였으며 2010년을 기점 으로 은퇴를 시작했다.

또한, 오팔세대는 해외 대중문화가 유입되고 한국 영화와 대중음악이 전성기를 맞았던 1960~1 970년대에 유·청년기를 보내며 다양한 문화 컨텐츠를 경험했다. 국내 TV보급률이 1970년 6.7% 에서 1980년 86.7%로 급격히 증가하면서 대중문화 유통이 활발해졌고, 방송문화가 번성했기 때 문에 오팔세대는 국내외의 다양한 문화를 경험할 수 있었고, 이로 인해 문화적 자부심이 강하며 사회적 교류, 문화 향유에 대한 욕구가 강한 편이다.

마지막으로, 대체적으로 이전 고령세대에 비해 고학력이며 상대적으로 소득과 소비에 있어서 도 여유롭고 성장을 지향한다. 이는 오팔세대가 월등히 향상된 교육수준을 바탕으로 빈곤에서 벗어나 경제적 풍요를 누리기 시작한 세대이기 때문에 배움에 대한 열망이 강하고 성취 지향 적 성향을 지녔기 때문으로 예상된다.

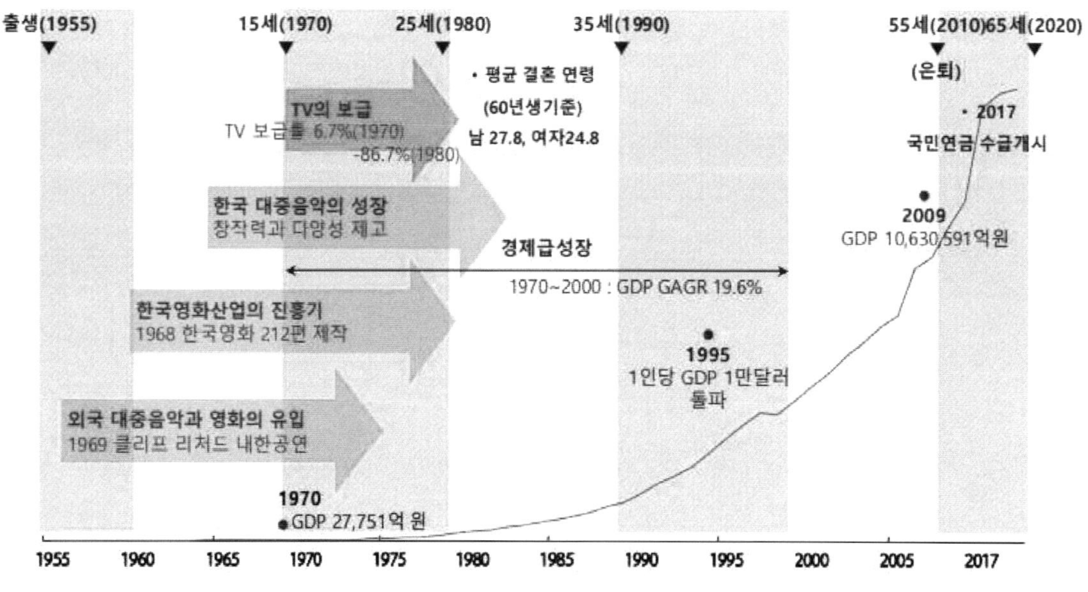

[그림 50] 1955년생이 겪은 한국사회

나) 안정된 경제력

오팔세대는 소극적이고 수동적으로 남은 인생을 수용하는 노인이 아니라 활발한 사회활동과 네트워킹으로 자기 정체성과 젊은 라이프 스타일을 유지하려는 경향을 보인다. 이전세대 노인은 경제활동이 어렵고 쇠약하며 사회가 부양해야 하는 몰개성적인 동질집단으로 인식되어 왔다.

또한 은퇴 이후 삶의 여가와 소비에 대해 낯설게 느끼고 가족을 위해 헌신하며 여생을 살았으나, 오팔세대는 은퇴 후 황금빛 노후를 위해 노력한다. 이를 위해 은퇴 전 본인의 경력을 토대로 스타트업에 자문 역할을 하거나 유튜버로 거듭나는 등 자아실현을 위한 제2의 삶을 개척하는 사례도 증가하는 추세다.

또한, 오팔세대는 외모, 건강관리, 여행, 문화생활 등 '나'를 위한 소비에 적극적이며 특히 여가 활동을 통한 자아실현, 자기만족, 삶의 질 향상을 추구한다. 액티브 시니어의 68%가 '가족도 중요하지만 나를 먼저 생각해야한다.'고 응답할 만큼 자기 자신을 중요시 하는 것으로 나타났으며, 스스로를 나이가 조금 더 든 30~40대라고 인식하며 밀레니얼 세대 자녀들로부터 얻은 정보를 바탕으로 자신들의 소비를 최대한 젊게 유지하는 소비의 대올림 현상을 보이고 있다. 이처럼 오팔세대는 독립적이고 생산적인 노년의 삶을 실천하며 주로 부정적인 시각이 주를 이루었던 노화에 대한 새로운 관점을 형성하고 있다.

	전통적 시니어	액티브 시니어
세대특성	수동적, 보수적, 동질적	적극적, 다양성, 미래지향적
경제력	의존적	독립적
노년의식	인생의 황혼기, 노인은 노인답게	자기실현, 제3의 인생, 나이와 젊음은 별개
가치관	본인을 노년층으로 인식	실제 나이보다 5~10년 젊게 인식
소비관	검소함	가치소비
취미활동	취미 없음, 동일세대간 교류	다양한 취미, 다른 세대와 교류
레저관	일 중심, 여가활동 미숙	여가에 가치를 두며 생활
여행	단체여행, 효도여행 선호	여유있는 부부여행, 자유 여행 선호
노후준비	자녀에게 의존	스스로 준비
보유자산	자녀에게 상속	자신의 노후 준비를 위해 사용

[표 9] 전통적 시니어와 액티브 시니어의 라이프 스타일 비교

나. 고령친화산업 현황[62]

1) 고령친화산업 등장 배경

① 고령화율 증가

 일반적으로 고령화 정도는 총 인구대비 65세 이상 인구 비중인 고령인구 비중을 기준으로 판단하며, 7~14%인 경우 고령화 사회, 14~20%인 경우 고령사회, 20% 이상인 경우 초 고령 사회로 분류한다. 즉, 고령화 수준을 측정하기 위한 하나의 지표로 고령화 율이 사용되고 있는 것이다.

 2022~2070년 기간 중 세계와 한국의 유소년인구(0~14세) 구성비는 6.7%, 4.0% 감소하고, 생산연령인구(15~64세) 구성비는 각각 3.6%, 24.9% 감소가 전망되며, 한국 유소년인구 구성비는 11.5%에서 7.5%로, 생산연령인구 구성비는 71.0%에서 46.1%로 낮아질 전망이다. 반면, 동일 기간 중 65세 이상의 고령인구 구성비는 세계 기준 10.3%, 한국은 28.9% 증가가 전망된다.

	1970년		2022년		2040년		2070년	
	인구	구성비	인구	구성비	인구	구성비	인구	구성비
세 계	3,695	100.0	7,975	100.0	9,189	100.0	10,299	100.0
아프리카	365	9.9	1,427	17.9	2,093	22.8	3,206	31.1
아 시 아	2,145	58.1	4,722	59.2	5,177	56.3	5,206	50.5
유 럽	657	17.8	744	9.3	723	7.9	648	6.3
라틴아메리카	287	7.8	660	8.3	732	8.0	738	7.2
북아메리카	222	6.0	377	4.7	411	4.5	436	4.2
오세아니아	19	0.5	45	0.6	54	0.6	64	0.6
남 북 한	47	1.3	78	1.0	77	0.8	61	0.6
한 국	32	0.9	52	0.6	50	0.5	38	0.4
북 한	15	0.4	26	0.3	26	0.3	24	0.2

표 10 세계와 한국의 인구규모 (1970~2070)

 2021년 12월에 공표된 통계청의 '장래인구특별추계 : 2020~2070년'에 따라 1970년부터 2070년까지 한국의 인구 구성비를 살펴보면, 전반적으로 0~14세 인구수 및 구성비는 감소 추세를 띄며 15~64세도 비슷한 형태를 보인다. 이는 미래의 생산 가능 인구 감소를 나타내는 것으로 향후 경제성장률과 산업경쟁력에 직접적인 타격을 입힐 가능성이 높다.

---

62) 출처 : 한국보건산업진흥원 <고령친화산업 REPORT. 2015-1>

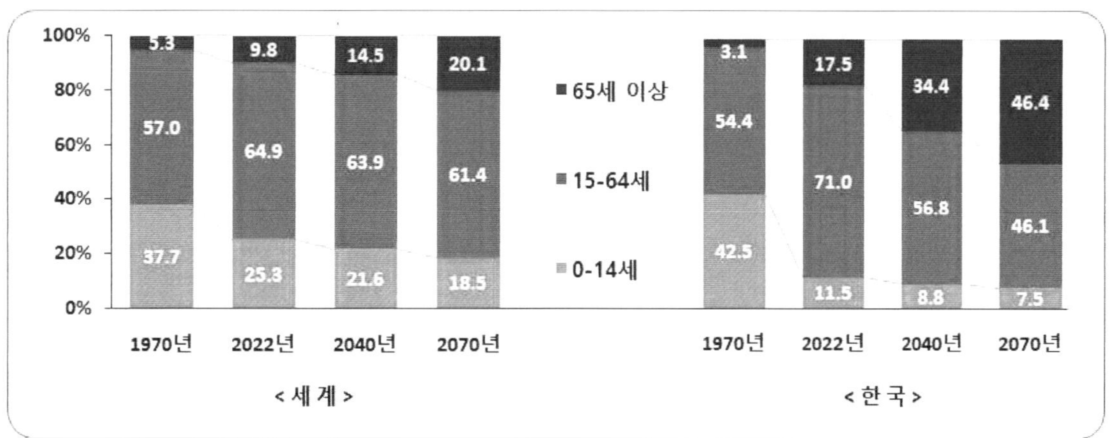

그림 51 세계와 한국의 연령별 인구 구조

② 기대수명 증가 및 노년 부양비 상승

 인구 고령화에 크게 영향을 미치는 요인으로 기대수명 증가와 노령인구 부양비율의 증가가 있다. 2020년 세계 기대수명은 72세로 1970년 56.1세에 비해 15.9세(28.4%)가 증가했으며, 대륙별로 살펴보면 오세아니아가 79.5세로 기대수명이 가장 높은 대륙이다. 반면 가장 낮은 대륙은 아프리카로 62.2세이다.

 한국의 기대수명은 2020년 83.5세로 1970년 62.3세에 비해 21.2세(34.0%) 증가하였다. 1970년 한국의 기대수명은 북아메리카, 유럽보다 각각 8.6세, 7.7세가 짧았으나 2020년 기대수명은 보다 5.6세, 5.8세 증가하며 타 대륙에 비해 높은 편이다.

	1970년 (A)	2000년	2020년 (B)	1970년 대비 2020년	
				증감(B-A)	증감률
세 계	56.1	66.5	72.0	15.9	28.4
아프리카	44.8	53.4	62.2	17.5	39.0
아 시 아	53.9	67.6	73.7	19.8	36.7
유 럽	70.0	73.5	77.7	7.8	11.1
라틴아메리카	58.6	71.1	73.1	14.5	24.7
북아메리카	70.9	77.0	77.9	7.0	9.8
오세아니아	66.6	75.4	79.5	12.9	19.3
한 국	62.3	76.0	83.5	21.2	34.0
북 한	60.6	60.8	73.3	12.7	21.0

표 11 세계와 한국의 기대수명

노년부양비는 15-64세 생산 가능 인구 대비 65세 이상 고령인구 비율로 고령화 수준을 측정하는 하나의 지표로 사용된다. 세계 평균 노년부양비는 2022년 54.0%에서 2070년에는 62.9%로 약 8%p 증가할 것으로 전망되며, 한국 노년부양비는 2022년 40.8%에서 2070년 116.8%로 76%p가 증가할 것으로 전망된다.[63)]

순위 [주1)]	1970년		2022년		2040년		2070년	
	국가(지역)	노년부양비	국가(지역)	노년부양비	국가(지역)	노년부양비	국가(지역)	노년부양비
1	모나코	34.5	모나코	70.4	신트마르턴(DUTCH PART)	69.0	한국	100.6
2	맨섬	32.9	일본	51.2	세인트헬레나	68.6	생바르텔레미	100.1
3	오스트리아	22.8	세인트헬레나	49.9	마르티니크	66.6	홍콩	91.7
4	건지	22.6	이탈리아	37.9	일본	65.5	푸에르토리코	86.4
5	독일	21.6	핀란드	37.8	이탈리아	63.4	몰타	84.9
6	보네르	21.5	마르티니크	37.1	모나코	63.1	알바니아	82.8
7	벨기에	21.3	그리스	36.0	산마리노	61.4	타이완	81.6
8	몬서래트	21.2	푸에르토리코	36.0	홍콩	60.6	일본	76.7
9	스웨덴	20.9	포르투갈	35.8	한국	60.5	안도라	76.3
10	저지	20.9	프랑스	35.4	버뮤다	59.2	싱가포르	75.8
	한국[주2)]	5.7(188)	한국	24.6(56)				

표 12 주요 국가별 노년부양비

---

63) 통계청(2022) '2021년 장래인구추계를 반영한 세계와 한국의 인구현황 및 전망'

2) 고령친화산업 정의 및 범위

고령친화산업 진흥법에 따르면, 고령친화산업은 고령친화제품 등을 연구, 개발, 제조, 건축, 제공, 유통 또는 판매하는 업을 말하며, 9대 산업분야(요양, 의약품, 식품, 화장품, 의료기기, 용품, 금융, 주거, 여가)로 그 범위가 나뉜다.

산업 부문	분류체계	
	대분류	중분류
고령친화 요양산업	시설요양서비스	노인요양시설, 노인요양공동생활가정
	재가요양서비스	방문요양서비스, 방문목욕서비스, 방문간호서비스, 주야간 보호서비스, 단기보호서비스, 복지용구 제공 및 지원서비스
	예방지원서비스	건강검진서비스, 질병상담 및 관리서비스, 영양개선서비스, 운동기능향상서비스
고령친화 의약품산업	고혈압용제	강심제, 이뇨제, 혈압강하제, 혈관확장제
	당뇨병용제	
	종양용약	
	해열, 진통 소염제	
	기타의 중추 신경용 약	
고령친화 식품산업	식품	특수의료용도식품, 두부류 또는 묵류, 전통·발효식품(장류, 김치류, 젓갈류, 절임식품 포함)
	건강기능식품	건강기능식품
고령친화 화장품산업	기능성 화장품	
	체취 방지용 제품류	
고령친화 의료기기산업	치과분야	치과용도재, 치과용 임플란트, 치과용주조기, 의료용 핸드피스, 핸드피스 동력 전달기구
	재활분야	보청기, 인공수정체
	진단분야	진단용 엑스선 촬영장치, 디지털 엑스선 촬영장치, 혈당측정기, 혈당 측정 검사지
	치료분야	적외선 조사기, 개인용 적외선 조사기, 의료용 온열기, 의료용 조합 자극기, 의료용 자기 발생기, 의료용 레이저 조사기

[표 13] 고령친화산업 세부 분류체계

산업 부문	분류체계	
	대분류	중분류
고령친화 용품산업	개인건강· 의료용품	건강측정용품, 호흡기 치료용품, 투약용품, 욕창예방용품, 온열·한냉용품, 안마기, 자극기, 한방기기, 신발·의류, 신체보호용품
	이동기기	한 손 조작 보행용품, 보행보조기, 복지차량, 수동휠체어, 전동휠체어, 전동스쿠터, 자세변환용구, 리프트, 보행보조기 부속품, 휠체어 부속품, 자동차 개조용 부품
	목욕용품	목욕보조용품, 기타 목욕 용품
	배변용품	배변처리기, 기저귀 용품, 화장실 용품
	침구용품	침대, 매트리스·모포 및 베개, 침대용 탁자, 침대부품
	가사용품	취사용품, 세척용품, 식사용품, 청소용품, 의류제작 및 수선용품, 탁자
	주거설비용품	조명기구, 의자용가구, 수납가구, 가구높이조절장치, 안전손잡이, 문·창·커튼 개폐장치, 주택용 건축부품, 수직승강장치, 건축물용 안전장치
	정보통신기기	시각용품, 청각용품, 발성용품, 그리기·글쓰기 용품, 전화기·통화용 기기, 신호표시기·경보기
	여가용품	완구, 게임, 스포츠용품, 악기, 사진용품, 수공예용품, 애완용품
고령친화 주거사업	주택 개보수	주택 개보수
	고령자 주택공급	고령자 주택공급
고령친화 금융산업	장수리스크	개인연금(즉시연금보험 포함), 기업연금(퇴직연금), 주택연금(역모기지) 제도
	건강리스크	건강보험(암보험, 상해보험 포함), 장기간병보험
	재무리스크	자산관리서비스(PB, WA, FP)
고령친화 여가산업		기능성 게임
		고령친화방송
		정보제공 웹사이트
		시설 운영업(기타 스포츠 서비스업)
	고령친화 휴양단지	스포츠 및 레크리에이션 교육기관
		관광 편의시설업

[표 14] 고령친화산업 세부 분류체계

3) 고령친화산업 진흥법 및 시행령 개정

고령친화산업을 지원·육성하고 그 발전 기반을 조성함으로써 노인의 삶의 질 향상과 국민경제의 건전한 발전에 이바지하기 위한 목적으로 2006년 제정된 고령친화산업 진흥법이 2007년부터 시행되었고, 이후 몇 차례의 개정을 거치며 현재에 이르게 되었다.

고령친화산업 진흥법 주요 내용은 고령친화산업발전계획(제4조), 고령친화산업표준화(제8조), 고령친화산업지원센터 설립·지정(제10조), 우수제품 등의 지정· 표시(제12조)의 4가지로 볼 수 있다.

고령친화산업 진흥법 주요 내용

제 4조. 고령친화산업발전계획
(1) 저 출산·고령사회기본계획 및 연도별 시행계획을 수립·시행함에 있어서 고령친화산업의 발전에 관하여 포함되어야 하는 사항을 정리
(2) 고령친화산업발전계획의 기본 방향, 고령친화산업의 분야별 발전시책, 고령친화산업의 기반조성, 고령친화산업의 발전을 위한 재원 확보 및 배분, 고령친화산업과 관련된 중앙행정기관의 역할분담 등

제 8조. 고령친화산업 표준화
(1) 관계중앙행정기관의 장은 고령친화제품 등의 품질향상과 호환성 확보 등을 위하여 다음에 해당하는 표준화산업을 추진할 수 있음
(2) 고령친화제품 등의 표준 제정·개정·폐지 및 보급, 고령친화산업과 관련된 국내외 표준의 조사·연구 및 개발, 그 밖의 고령친화산업 표준화에 필요한 사업

제 10조. 고령친화산업지원센터 설립·지정
(1) 관계중앙행정기관의 장은 고령친화산업의 효율적 지원을 위하여 고령친화산업지원센터를 설립하거나 고령친화산업 관련 지원 사업을 하는 연구기관·단체 또는 법인을 지원센터로 지정할 수 있음
(2) 고령친화산업 발전에 필요한 기술·표준화 연구 및 제도의 조사·연구, 지원시설 기반조성 및 전문 인력 양성·지원에 관한 사업, 산업 발전을 위한 유통활성화와 국제협력 및 해외진출지원 등

제 12조. 우수제품 등의 지정·표시
(1) 관계중앙행정기관의 장은 품질 등이 우수한 고령친화제품 등을 고령친화 우수제품으로, 서비스의 질이 우수한 고령친화사업자를 고령친화우수사업자로 지정할 수 있음

[표 15] 고령친화산업 진흥법 주요 내용

4) 고령친화산업 규모 및 전망

고령친화산업의 발전은 신산업 수익창출, 일자리 창출, 돌봄 인력 부족 문제 대응 등 측면에서 경제·사회적으로 큰 효과를 미칠 것으로 기대된다. 경희대학교 고령친화융합연구센터는 2020년 72조 원에서 2030년 168조 원까지 고령친화산업 시장 규모가 증가할 것으로 예측했다.[64]

세부 산업별로는 여가 36.0%, 식품 24.2%, 요양 서비스 13.8%, 의약품 13.4%로 비중이 나타났다. 또한, 고령자들이 필요로 하는 산업 역시 식품, 의약품, 요양 서비스 등인 것으로 조사되어 해당 산업들은 시장 및 수요 측면 모두 중요한 부분을 차지했다. 이로 인해 고령 친화 시장규모는 향후 폭발적으로 성장할 것으로 예상된다.

통계청에서 조사한 가계 동향 조사 결과를 보면, 60세 이상은 다른 연령대에 비해 식료품과 비주류 음료에 대한 가계지출 비중이 높으며 보건비용에서 가장 많은 금액을 지출하고 있다.

구분	2012년		2015년		2020년		CAGR (12~20)
	시장규모	비중	시장규모	비중	시장규모	비중	
의약품	37,791	13.8	54,010	13.8	97,937	13.4	12.6
의료기기	12,438	4.5	17,827	4.5	32,479	4.5	12.8
식품	64,016	23.4	93,609	23.8	176,343	24.2	13.5
화장품	6,945	2.5	10,645	2.7	21,690	3.0	15.3
용품	16,689	6.1	18,770	4.8	22,907	3.1	4.0
요양	29,349	10.7	46,533	11.9	100,316	13.8	16.6
주거	13,546	5.0	14,209	3.6	14,301	2.0	0.7
여가	93,034	34.0	137,237	34.9	262,331	36.0	13.8
합계	273,809	100.0	392,839	100.0	728,305	100.0	13.0

※ 한국보건산업진흥원(2014.12), 고령친화산업 실태조사 및 산업분석

[그림 52] 고령친화 세부산업별 시장규모 (단위: 억 원, %)

---

64) 복지타임즈 '초 고령사회의 새로운 성장 엔진, 고령친화산업 발전을 위한 제언'

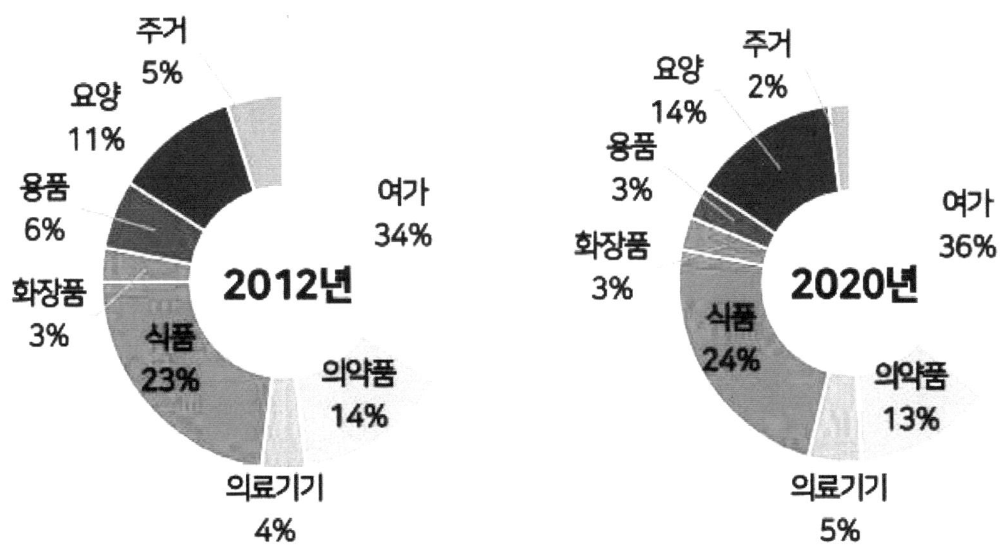

[그림 53] 전체 고령친화산업별 시장 비중 변화

또한 한국보건산업진흥원의 '2019년도 고령친화산업 육성 사업'보고서에 따르면 고령친화산업 내에서 고령자가 가장 필요로 하는 제품은'의약품', '의료기기', '고령친화식품'등으로 나타났다. 세부산업별로 보면, 식품에서는 영양성분이 골고루 갖춰진 식품, 소화가 잘되는 식품, 씹기 편하고 넘기기 좋은 부드러운 식품 등이 있으며 의약품에서는 복용 주기가 긴 의약품, 흡수가 빨라 효과가 빠르게 나타나는 의약품, 위나 장에 부담이 적은 의약품의 선호가 나타났다.

따라서 시장규모와 수요의 증가를 함께 고려해보면 고령화추세와 함께 '액티브 시니어'라 부르는 베이비부머 세대 역시 증가할 것이기 때문에 고령친화산업의 전망은 밝으며 이들은 시간적, 경제적 여유와 함께 적극적인 소비 의지를 바탕으로 새로운 라이프 스타일을 영위하는 특징을 보여 향후 고령친화산업 발전을 견인할 것으로 전망된다.

제품/서비스	1순위	1+2+3순위
의약품	29.1	52.5
의료기기	12.7	29.4
고령친화식품	4.1	13.3
건강기능식품	7.1	19.3
화장품	4.4	16.3
개인건강/의료용품	7.0	29.6
일상생활용품	3.3	10.9
주거설비용품	1.7	5.8
정보통신기기	1.3	5.7
여가용품	0.5	2.0
예방지원서비스	3.1	13.5
시설요양서비스	2.5	8.5
재가요양서비스	3.5	11.2
건강리스크서비스	4.9	17.6
장수리스크서비스	2.7	12.1
재무리스크서비스	0.2	4.1
주택 개보수 서비스	1.6	6.0
고령자 주택공급 서비스	0.7	5.2
스포츠 관람 서비스	0.1	0.6
엔터테인먼트/예술 서비스	0.6	4.4
관광/레저 서비스	0.8	6.4

[표 16] 고령친화산업 제품/서비스 필요 우선순위

5) 고령친화산업 동향65)

　고령친화제품 중 건강식품에 대한 지불의사가 많았으며 다음으로는 노화방지 화장품, 패션용
품 등의 순으로 나타났다. 연령에 따라 다소 차이가 있으며 연령이 높을수록 질병치료 의약
품, 의료기기에 대한 지불의사가 높게 나타났다.

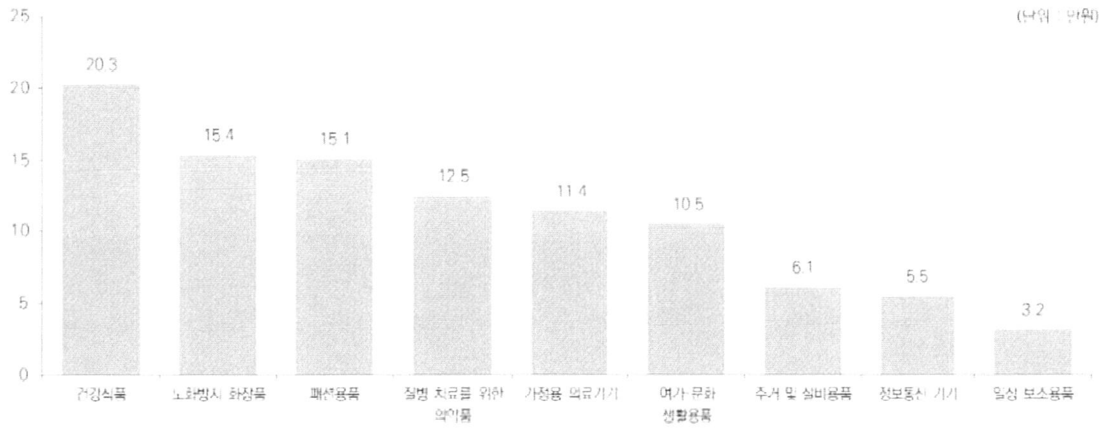

[그림 54] 고령친화제품에 대한 지불의사

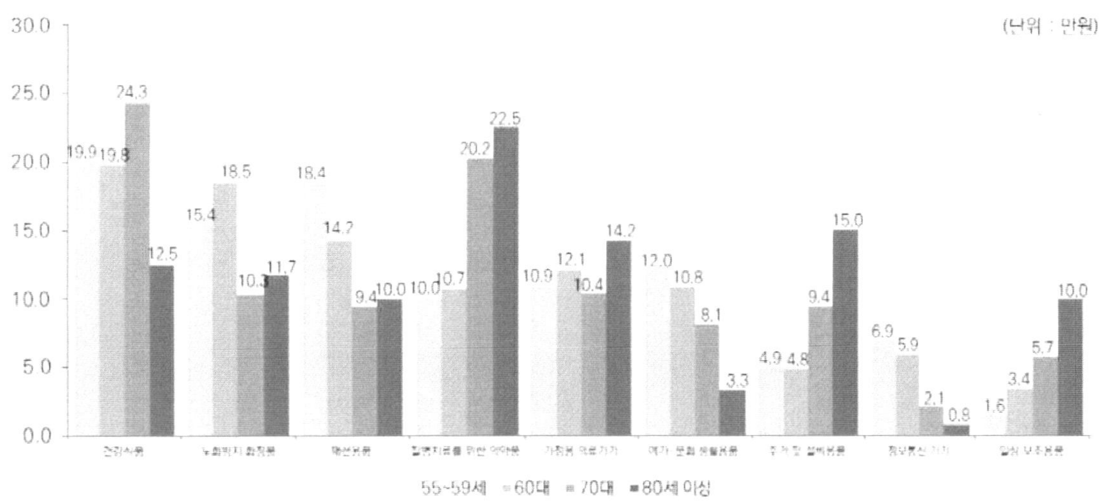

[그림 55] 연령별 고령친화제품에 대한 지불의사

　고령친화서비스에 대한 고령자의 지불의사를 조사한 결과 건강지원서비스에 대한 지불의사가
가장 높고 문화/여가 관련서비스, 주거 지원서비스 순으로 지불의사가 높은 것으로 나타났다.
전반적으로는 연령이 증가함에 따라서 교통지원, 요양 서비스 등의 일상생활 지원서비스에 대
한 지불의사가 증가하는 것으로 나타났다.

---

65) 고령친화산업 현황과 해외사례, 경기복지재단, 2020.12

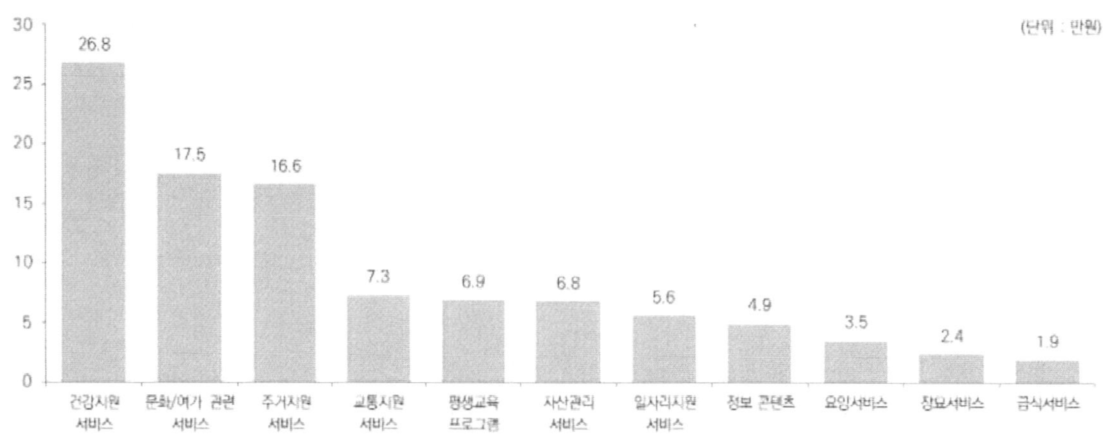

[그림 56] 고령친화서비스에 대한 지불의사

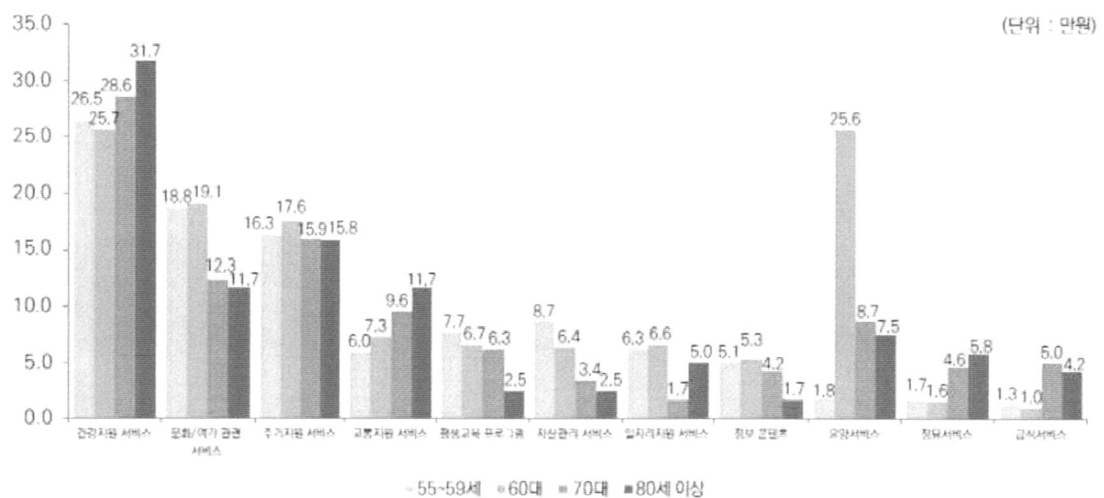

[그림 57] 연령별 고령친화서비스에 대한 지불의사

   고령친화용품산업 실태조사 결과, 조사대상 업체 1,140개소 중 제조업이 77.9%이며, 37.5%가 경기도 소재로 조사되었다. 고령친화용품 업체는 종사자 수 5명 미만이 44.1%, 자본금 총액이 5억 미만이 업체가 59.2%로 고령친화업체는 영세한 규모가 대부분이다. 또한, 제조업이 77.9%로 가장 많고, 판매업, 유통업, 수출 업 순으로 나타났다.

   업체의 재무현황을 보면, 조사 업체의 전체 매출액은 총 16조 7,655억 원(2018년)으로 2016년 대비 12.9%p 증가하였으며 고령친화용품 분야 매출액은 총 6조 2,870억 원(2018년)으로 2016년 대비 23.3%p 증가 평균 매출액은 44.91억 원이나 5억 미만의 업체가 30.4%에 달했다. 고령친화용품 업체는 독립적으로 운영되기 보다는 한 업체의 일부사업으로 운영되고 있으며 총매출액과 평균 매출액은 증가하고 있으나 5억 미만의 영세업체가 많은 것으로 나타났다. 앞으로 고령친화산업은 고령화와 함께 지속적으로 수요가 증가할 것으로 보이며 이를 위한 정책적 지원과 대응방안 마련이 필요하다.

다. 국내 고령친화종합체험관66)

1) 성남 고령친화종합체험관

[그림 58] 성남 고령친화종합체험관

 성남 분당에 위치한 성남 고령친화종합체험관은 지하 2층 지상 3층의 국내 최대 규모로, 건립 당시부터 많은 관심을 끌었다. 성남 고령친화종합체험관은 지하 2층에서 지상 3층으로 이루어져 있다. 1층에는 성남형 시니어 스마트홈, 제품체험관, 치매체험관, 북 카페 등이 위치해 있으며 2층에는 리빙랩 평가 시설, 생애체험관, 중장년기술창업센터 등이 마련돼 있다. 기업지원 기능 중심으로 구성된 3층에는 입주기업 사무실과 연구개발, 사용성 평가 등을 실시할 수 있는 다양한 지원기구가 위치해 있다.

 성남체험관은 다양한 체험시설을 갖추고 있다. 젊은 층이 노화로 인한 불편함을 직접 체험해보는 생애체험관, 치매고령자가 일상생활을 겪는 치매의 어려움을 체험해보는 치매체험관이 대표적이다. 이를 통해 체험관 방문객들은 신체의 노화에 따른 각종 신체 변화를 다양한 관점에서 접근, 직접 체험할 수 있다. 이러한 경험은 고령자의 정신적, 사회적 상태를 직접 느끼게 해주고 고령화에 대한 긍정적인 '사회적 공감'을 이끌어낼 수 있을 것으로 기대하고 있다.

 체험관은 또한 고령자의 건강을 위한 건강증진 및 교육지원센터도 운영한다. 건강증진센터는 건강관련 강좌, 건강검진, 피부건강관리, 신체건강관리 프로그램을 운영한다. 고령자가 중심이지만 꼭 고령자가 아니더라도 언제나 싸고 질 높은 건강 체크를 해 볼 수 있는 곳이다. 교육지원센터에서는 노인아카데미나 커뮤니티 배움 교실을 통해 요리, 바리스타, 은퇴준비 재설계 과정 등을 배울 수 있다. 성남체험관이 제공하는 고령자 교육은 고령자 일자리 창출에 적지 않게 공헌해왔다.

---

66) 출처 : 한국의 시니어 그리고 시니어 비즈니스

시니어 비즈니스 기업에 대한 적극적인 지원은 성남 체험관의 또 다른 주요 업무다. 이를 위해 체험관은 고령친화 기업체의 입주 시설을 제공할 뿐 아니라 기업체의 고령친화 제품을 전시하고 있다. 시니어 비즈니스를 추구하는 기업 중 아직은 소기업이 많다. 성남 체험관은 이들이 필요로 하는 정책 개발, 기업 연수, 사용성 평가 등을 지원함으로써 국내 고령친화산업의 발전을 도모한다.

라. 한국의 장례 산업

2000년대 '웰빙'(Well-Being 잘사는 것) 바람이 분 후, 최근에는 잘 죽는 것, '웰다잉'(Well-Dying)으로 관심이 옮겨가고 있다. 이에 따라 죽음과 관련된 사업 역시 성장세를 보인다. 대표적인 예는 바로 장례 산업이다.

웰 다잉은 살아온 날을 아름답게 정리하면서 평안하게 삶을 마무리하는 것을 일컫는 말이다. 죽음을 '갑작스럽게 닥치는 대상'으로 인식하기 대신, 스스로 미리 '준비하고 맞이하는 대상'으로 보는 것이다. 웰 다잉에 대한 관심 증가는 고령화가 급속도로 이루어지면서, 죽음도 준비해야 한다는 인식이 커진 탓으로 풀이된다. 또한, 먹고 사는 문제가 어느 정도 해결되면서 육체적·정신적 건강의 조화를 통한 '삶의 질 향상'에 대한 고민을 제대로 시작했기 때문이다.

여기에 2018년 2월부터 불필요한 연명의료를 중단할 수 있는 '존엄사법'이 본격 시행되면서 죽음 준비에 더욱 관심이 높아진 상황이다.[67]

상조업계에 따르면 가입자 수와 선수금이 매년 증가하고 인식도 긍정적으로 변화하면서 업계 1위 타이틀을 차지하기 위한 각축도 심해지고 있다.

프리드라이프는 적극적인 합병을 통해 덩치를 키우면서 지난해 처음으로 선수금 규모 업계 1위에 올랐다. 이어 2022년 상반기에도 선수금 규모가 가장 커 1위 자리를 수성했다. 좋은라이프와 금강문화허브에 이어 2021년 초 모던종합상조와 합병 절차를 마무리한 프리드라이프의 선수금은 2022년 3월 말 기준으로 1조 6,480억 원이다. 2위인 대명스테이션은 9,347억 원, 3위 교원라이프는 7,794억 원의 선수금을 확보했다.

보람상조의 경우 보람상조개발, 보람상조라이프, 보람재향상조, 보람상조피플 등 7개 계열사로 나뉘어 있는데 이 중 4개가 선수금 규모로 10위권에 올라 있다. 계열사 선수금을 모두 합친 금액은 1조 3,721억 원이다.

---

67) 출처 : 뉴스핌 : 2017.11.21.기사

선수금 규모로는 프리드라이프가 선두지만 장례와 상조 상품으로 전환해 사용할 수 있는 웨딩, 크루즈여행 등을 포함한 행사건수로는 보람상조가 가장 앞선다. 보람상조에 따르면 현재까지 누적 행사건수는 2021년 말 기준 25만 건을 돌파했으며, 누적 회원 수도 약 261만 명에 달한다. 같은 기간 프리드라이프의 누적 행사건수는 약 20만 건이다.

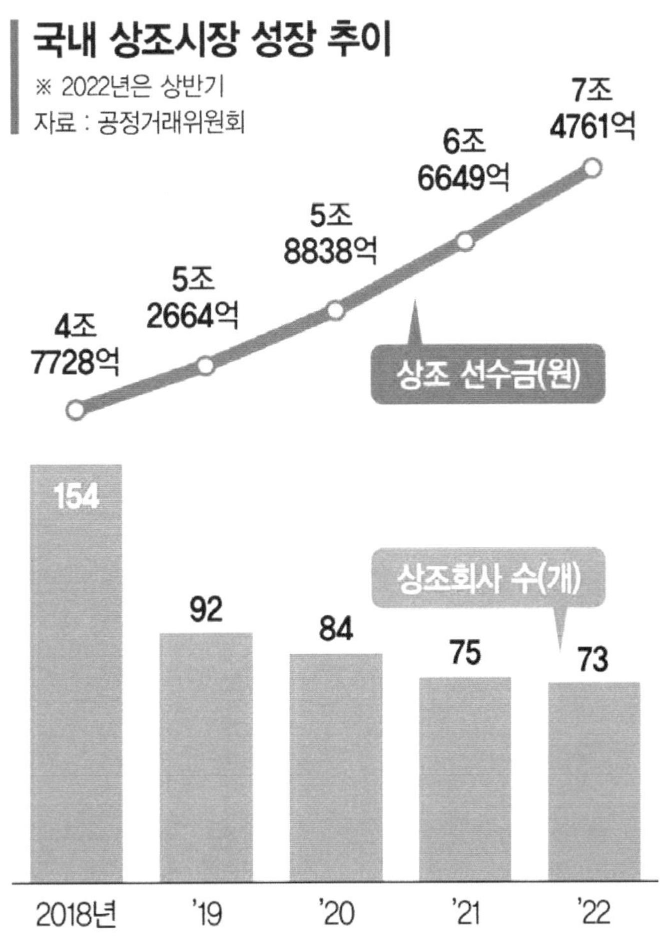

업계가 이처럼 1위 타이틀을 놓고 신경전을 벌이는 이유는 상조 업계에 대한 소비자 인식이 개선되고, 노령 인구 및 1인 가구가 증가하면서 향후 발전 가능성도 크다고 평가되기 때문이다. 이로써 양적인 성장뿐 아니라 질적인 성장도 이뤄지고 있다.

한편, 지난 2019년 1월 시행된 할부거래법에 의해 업체 등록 자본금 요건이 3억 원에서 15억 원으로 증액되면서 영세 업체들은 폐업했다. 자연스런 구조조정이 이뤄진 셈이다. 업계는 앞으로 다양한 결합상품 등을 통해 상조 서비스뿐만 아니라 생활 전반을 아우르는 서비스로 비즈니스를 확장하는 동시에 새로운 장례문화 도입에 앞장서고 있다.[68]

---

68) 파이낸셜뉴스 '7兆 상조시장, 1위는 나…보람상조 vs 프리드라이프 신경전'

1) 한국 장례의 기본 용어[69]

 한국의 장례와 관련된 말은 여러 가지가 있다. 이 중에는 한번쯤은 들어봤을 용어부터 처음 들어보는 생소한 용어도 있기 때문에 미리 알아두면 고인을 보내는 길을 조금이나마 더 잘 알 수 있을 것이다.

 그리고 우리가 꼭 알아야 하는 장례 용어도 있다. 일본식 장례 용어가 어느새 우리 장례 문화 속에까지 파고들어왔기 때문이다. 산업통상자원부 기술표준원이 2008년 왜곡된 장례 용어를 바로잡았지만 아직도 많은 사람들이 혼용해 사용하고 있다. 대표적인 것이 부음과 영안실이다. 부음은 부고로, 영안실은 안치실로 사용해야 한다. 조문과 방명록은 문상과 부의록으로, 입관실은 염습실로, 굴관제복은 굴건제복으로, 상제·주상은 상주로 불러야 한다. 또한 망자·망인은 고인으로, 시체·사체·유체는 시신이 올바른 우리 장례 용어이다.[70]

기본용어	
장례(葬禮)	죽음을 처리하는 과정에서 행해지는 일련의 의례
장사(葬事)	시신을 매장하거나 화장하는 등의 시신을 처리하는 일련의 행위
고인(故人)	장례를 진행하는 과정에서 죽은 이에 대하여 예(禮)로서 높여 부르는 말
시신(屍身)	시체를 점잖게 이르는 말
사망진단서 (死亡診斷書)	의사가 사람의 사망을 의학적으로 증명하는 사실을 적은 서류
사체검안서 (死體檢案書)	의사의 치료를 받지 아니하고 사망한 사체를 살펴서, 의사가 사인(死因)을 의학적으로 검증(검안)하여 사망을 확인하는 증명서
상가(喪家)	장례를 치르는 장소로서 상을 당한 자택이나 장례식장
상주(喪主)	장례를 주관하는 사람으로 고인의 자손
굴건제복(屈巾祭服)	상중에 있는 상주가 입는 옷
호상(護喪)	장례에 관한 모든 일을 맡아서 진행하는 사람
문상(問喪)	고인의 명복을 빌고 유족을 위로하는 일
유족(遺族)	고인과 친인척관계에 있는 사람
문상객(問喪客)	고인의 명복을 빌고 유족을 위로하러 온 사람

[표 17] 장례용어 - 기본용어

---

69) 출처 : 한국경제매거진 2017.09.27.기사
70) 한국장례협회

<table>
<tr><th colspan="2">장례절차 용어</th></tr>
<tr><td>임종(臨終)</td><td>운명하는 순간을 지켜보는 것</td></tr>
<tr><td>운명(殞命)</td><td>숨을 거두는 것</td></tr>
<tr><td>고복(皐復)</td><td>고인의 소생을 바라는 마음에서 시신을 떠난 혼을 불러들이는 것</td></tr>
<tr><td>수시(收屍)</td><td>시신이 굳어지기 전에 팔과 다리 등을 가지런히 하는 행위</td></tr>
<tr><td>안치(安置)</td><td>시신의 부패와 세균번식 등을 막기 위하여 냉장시설에 시신을 모시는 것</td></tr>
<tr><td>부고(訃告)</td><td>고인의 죽음을 알리는 것</td></tr>
<tr><td>상식(上食)</td><td>고인이 생시에 식사하듯 빈소에 올리는 음식</td></tr>
<tr><td>염습(殮襲)</td><td>시신을 목욕시켜 수의를 입히고 입관하는 일</td></tr>
<tr><td>보공(補空)</td><td>시신이 움직이지 않도록 관의 빈곳을 채우는 일</td></tr>
<tr><td>입관(入棺)</td><td>시신을 관에 모시는 일</td></tr>
<tr><td>결관(結棺)</td><td>영구(靈柩)를 운반하기 편하도록 묶는 일</td></tr>
<tr><td>복인(服人)</td><td>고인과의 친인척 관계에 따라 상복을 입어야 하는 사람들</td></tr>
<tr><td>성복(成服)</td><td>입관 후 상주와 복인들이 상복을 입는 일</td></tr>
<tr><td>영구(靈柩)</td><td>시신이 들어있는 관</td></tr>
<tr><td>발인(發靷)</td><td>상가 또는 장례식장에서 영구를 운구하여 장지로 떠나는 일</td></tr>
<tr><td>장지(葬地)</td><td>시신을 매장 또는 화장하여 납골하는 장소</td></tr>
</table>

[표 18] 장례용어 – 장례절차 용어

장례시설 용어	
장례식장 (葬禮式場)	장례의식을 행하고 서비스를 제공할 수 있는 시설을 갖춘 장소
빈소(殯所)	문상객의 문상을 받기 위하여 고인의 영정을 모셔 놓은 장소
접객실(接客室)	문상객을 대접하기 위한 장소
안치실(安置室)	시신의 부패와 세균번식 등을 막기 위하여 시신보관용 냉장시설을 갖춘 장소
염습실(殮襲室)	시신을 목욕시키고, 수의를 입히며, 입관하는 장소
유족참관실 (遺族參觀室)	염습할 때 유족이 참관하는 장소
장례용품전시실 (葬禮用品展示室)	유족이 직접 장례용품을 확인하고 구입할 수 있도록 전시.판매 하는 장소

[표 19] 장례용어 – 장례시설 용어

제례용어	
성복제(成服祭)	성복은 입관이 끝난 다음, 고인과의 친소관계에 따라 상주 및 복인들이 상복으로 갈아입는 절차를 의미한다.
발인제(發靷祭)	아침 상식이 끝나면 영구를 옮긴다. 음식을 진설한 다음 주인 이하가 엎드리고 고축한다. 이것을 발인제라고 한다.
평토제(平土祭)	장례 의식에서 평토를 끝내고 나서 드리는 제사를 말한다. 평토가 끝나기를 기다려 영좌(靈座)를 설치하여, 그 앞에 주(酒)·과(果)·포(脯)를 진설하여 드리는 제사를 말한다.
반혼제(返魂祭)	시신의 부패와 세균번식 등을 막기 위하여 시신보관용 냉장시설을 갖춘 장소
염습실(殮襲室)	반혼제(返魂祭)는 매장을 마친 뒤 혼백을 집으로 모셔 와서 지내는 제사다.
재우제(再虞祭)	재우제는 망인의 시신을 땅에 매장하였으므로, 그의 혼이 방황 할 것을 염려하여 집에서 지내는 제사다.
삼우제(三虞祭)	삼우제(三虞祭)는 장례를 치른 후 3일째가 되는 날을 지내는 제사로 첫 번째의 성묘이다.
기제사(忌祭祀)	고인이 돌아가신 날을 기일(忌日)이라고 하는데, 대상(大祥)을 지낸 일 년 후부터 매년 이날 지내는 제사

[표 20] 장례용어 – 제례용어

2) 한국 장례 산업의 문제점과 해결노력
가) 상조 피해[71]

소비자들은 잘 몰랐겠지만 그동안 상조회사의 크루즈 여행이나 기타 가정의례 상품 판매는 할부거래법 적용 대상에서 빠져 있었다. 때문에 기존의 선불식 할부거래업체들인 상조업체들은 상조 상품을 주력으로 판매하면서도 상조를 사용하지 않을 시 크루즈 상품 등을 사용할 수 있다는 조건을 붙여 예치금 50%의 기준을 피해가는 우회적이고 편법적인 상조 판매를 확대해 왔다.

상조 상품은 할부거래법이 적용되어 선수금의 50%를 은행이나 공제조합에 예치하게 돼 있는데, 크루즈 상품은 선수금 예치 의무가 없어 자금 유용이 가능했다. 이 때문에 자금의 부실한 운영으로 인해 상조회사가 폐업할 시 소비자 보호에도 구멍이 뚫려 지속적으로 문제가 제기돼 왔다. 크루즈 여행 등 여행 서비스가 개정안에 추가한 주된 이유도 여기에 있다.

실제로 상조업체 등록 요건이 자본금 3억 원에서 15억 원으로 증액된 이후, 자본금 증액 여력이 없는 영세 업체들을 중심으로 구조조정이 이뤄지고, 부실 상조업체가 폐업하면서 크루즈를 우선으로 상품에 가입했던 소비자가 한 푼도 돌려받지 못하는 피해도 발생했다. 최근에는 선수금만 1,000억 원이 넘는 상조업체인 한강라이프가 크루즈 사업을 하는 업체에 인수되면서 상조업체의 허점에 대한 목소리도 더 커졌다.

공정위에 따르면 상조업체를 비롯한 선불식 할부거래업자는 2015년 228개에서 2019년 86개로 대폭 줄어들었고 2022년 9월 말 기준으로는 74개가 등록되어 있다. 상조업체 가입자 수는 2018년 3월 516만 명에서 2022년 3월 729만 명으로 늘었다. 가입자 선수금은 2018년 4조 7,728억 원에서 2022년 7조 4,761억 원에 이르렀다. 현행법상 상조회사는 소비자에게 거둬들인 총 수입의 50%를 조합에 예치해야 하지만 공제조합에 예치된 총 금액은 50%에 미치지 못하는 실정이다.

소비자가 상조 업체의 폐업·등록 취소 등의 사실을 제때 인지하지 못해 기간이 지나가 버려 예치기관으로부터 선수금을 돌려받지 못하는 사례도 종종 발생하고 있다. 최근 상조 회사 (주)바라밀굿라이프는 512건의 선불식 상조 계약과 관련, 소비자들로부터 미리 받은 선수금 총 9억 7,329만 원 중 32.4%인 3억 1,562만 원만 예치한 채로 영업을 지속해 할부거래법 제34조 제9호를 위반했다. 이에 따라 공정위는 법인과 대표이사를 검찰 고발하고 시정명령을 내리기도 했다.

---

71) ‘크루즈 끼워 팔기’ 상조업체 규제 회피 꼼수 꼼짝마!, 일요신문, 2021.08.05

이러한 상조 피해를 막기 위해 공정거래위원회가 최근 '할부거래에 관한 법률 시행령 일부개정령안'을 입법예고하고 8월 23일까지 의견을 받는다고 밝혔다. 이번 법 개정으로 선불식 할부계약 상품의 범위가 확대된다. 이에 따라 앞으로는 행사 날짜가 확정되지 않은 크루즈 여행 상품이나 돌잔치 등 가정의례 상품을 선불식 할부거래로 판매한 경우에도 기존 상조 업체처럼 선수금의 50%를 고객 예치금으로 보호해야 한다.

나) 감당하기 힘든 장례비용[72]

무연고 사망자가 늘고 있다. 살던 곳이나 혹은 길가나 병실에서 숨을 거뒀지만 유가족이 없거나 시신을 인수할 사람이 없어 시신마저 홀로 쓸쓸하게 남겨진 사람들은 상당수는 유가족이 있음에도 경제적인 부담 등을 이유로 시신 인수를 거부당한다.

유형별 무연고 사망자 현황 (단위: 명, %)

연도	계 (단위: 명)	연고자 없음		연고자 알 수 없음		연고자 있으나 시신거부	
		명	%	명	%	명	%
2019년	2,656	634	23.9	172	6.5	1,850	69.7
2020년	2,947	603	20.5	253	8.6	2,091	71.0
2021년	3,603	700	19.4	352	9.8	2,551	70.8
2022년 7월	2,578	516	20.0	244	9.5	1,818	70.5

무연고 사망자 유형별로 살펴보면, 실제 연고자가 없는 경우는 매년 약 20%정도 인 반면, 매년 약 70%는 연고자가 있어도 시신 인수를 거부(2019년 69.7% → 2020년 71% → 2021년 70.8% → 2022년 7월 70.5%)한 경우인 것으로 나타났다.

무연고 사망자가 매년 늘어나고 있으며, 유형별로 살펴보면 실제로는 연고자가 있어도 시신 인수를 거부하는 사례가 상당수를 차지하고 있다. 최근 전 국민의 가슴을 아프게 했던 수원 세 모녀 역시 사망 후에도 친척들로부터 시신 인수를 거부당해 수원시에서 공영장례로 치른 바 있다. 매년 증가하고 있는 무연고 사망자에 대해 이제 지자체에만 맡기기보다는 중앙정부 차원의 지원이 필요할 것으로 보인다. 중앙정부 차원의 장례지원을 병행하여 고인에 대한 존엄과 편안한 영면을 도모해야 할 것이다.[73]

---

72) 출처 : 한국일보 2017.08.24.기사
73) 약사공론 '가족 있어도 거부 무연고 사망자 매년 증가'

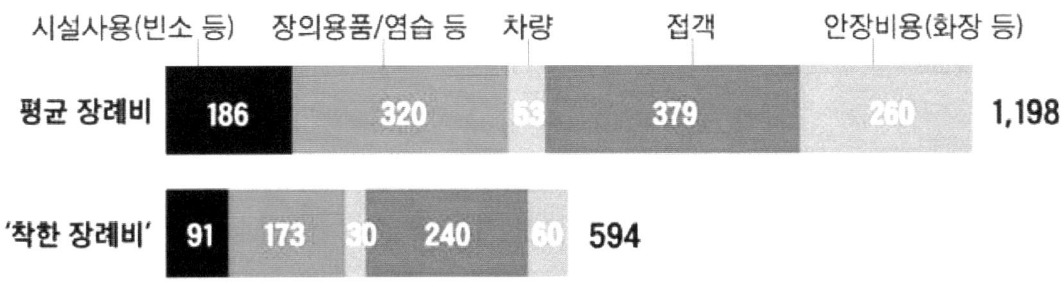

[그림 61] 평균 장례비

　실제 병원이나 전문 장례식장에서 장례를 치르라면 많은 돈이 필요하다. 공영장례식장을 운영하는 서울시설공단이 시민 정보 제공 차원에서 조사한 장례비용은 빈소사용료(3일장 기준) 186만 원, 장의용품 및 염습 320만 원, 안장 260만 원 등을 하벼 평균 1,189만 원 정도이고, 가장 기본적인 절차만 치러도 족히 600만 원은 든다. 정부가 기초생활수급자에 한해 장례비를 75만원 지원하고 있지만, 시신을 수습하고 병원이나 장례식장에 하루 보관하는데 드는 비용밖에 안 된다.

　김윤태 고려대 사회학과 교수는 빈곤층일수록 부모 자녀 형제 자매 모두 비슷한 소득 수준일 확률이 높아 서로 가족 역할에 충실하기 어렵다며 이렇게 파편화된 가족 구성원들이 사회 안전망에서도 배제되면 완전히 고립된 상태에서 죽음을 맞이하게 되는 것이라고 진단했다. 구인회 서울대 사회복지학과 교수는 장례비나 병원비에 밀려 가족이 시신을 포기해 무연고 사망자가 되는 것은 죽음 이후에도 다시 한 번 고립되는 것이라며 사회가 시신을 포기하는 가족을 비정한 사람으로 몰고 갈 게 아니라 해당 문제를 국가 시스템으로 끌고 들어와야 한다고 지적했다.

다) 장례비용 절감 방법[74]

① e하늘 장사정보시스템

보건복지부는 2010년부터 'e하늘 장사정보시스템(이하 e하늘)'을 운영하고 있다. e하늘을 통해서 얻을 수 있는 정보는 크게 세 가지이다.

첫 번째, 전국 장례시설 비용 및 현황을 공개한다. 과거에는 소비자가 장례식장·봉안당·자연장지 등 장례시설을 이용할 때 설치 현황이나 사용료에 대한 정확한 정보가 없었거나 정보가 제공되더라도 극히 제한적인 공급자 중심이었다. 보건복지부가 이런 문제점을 해결하기 위해 e하늘을 개설했다. 또한 e하늘에서는 장례시설 종류와 지역에 따라 비용을 비교해 볼 수 있으며, 시설별 장례 용품 가격정보도 공개돼있다. 장례식장에 갖춰져 있는 편의시설은 무엇인지, 빈소 임대료는 크기 당 얼마인지부터 입관 용품, 관 염습료, 쓰레기 수거료, 김치 종류별 가격까지 모든 것이 세세하게 공개돼 있다.

두 번째, 화장 예약 창구 단일화다. e하늘은 창구를 단일화해 소비자의 화장 예약 편의를 제공하고 화장시설의 투명성을 확보했다. 유족들은 지역별 화장시설의 예약 현황을 보고 원하는 시간과 장소를 예약할 수 있다.

세 번째, 장례 및 장례 행정절차 등에 대한 정보를 제공한다. 복잡하고 어려운 장례 절차 및 문상 절차에 대한 신뢰성 있는 정보를 체계적으로 제공한다. 또 매장·화장 등 장례 방법 및 관련 행정절차를 웹툰 등으로 쉽게 안내함으로써 실질적인 도움을 주고 있다.

② 서울시 착한 장례식장

서울시설공단은 2015년부터 장례비용을 반값으로 줄인 '착한 장례 서비스'를 운영하고 있다. 착한 장례 서비스는 공단이 운영하는 추모시설(서울시추모공원, 서울시립승화원)과 서울의료원 장례식장을 연계해 594만원이라는 저렴한 가격에 장례를 치를 수 있게 돕는 사업이다.

③ 지자체별 장례지원금 확인

대부분의 시군구 홈페이지에 들어가면 복지 카테고리에 장례복지에 대한 내용이 나와 있다. 금액은 시신 1구에 일정 비용을 지급하거나 실제 소요비용을 직접 지급하기도 한다. 만약 해당 지역에 화장시설이 없으면 타 지역 화장시설 이용료를 지급하기도 한다. 따라서 지자체별 장례지원금을 확인해보도록 한다. 사용 기간과 금액 등 구체적인 내용은 상이할 수 있기 때문에 자세한 내용은 지자체 홈페이지 등을 이용해야한다.

---

74) 출처 : 시선뉴스 2017.10.14.기사

④ 무연고자 장례지원

경기도는 기존에 무연고 사망자가 발생했을 경우 별다른 의례 없이 매장하거나 화장해 봉안해야 한다는 문제 극복을 위해 무 연고자를 위한 마지막 복지 차원에서 2021년 5월부터 25개 시·군에 사망자 1인당 160만원 이내의 장례비를 지원하고 있다.

또 무연고자가 유언 없이 약간의 재산을 남긴 채 사망한 경우, 시·군의 법원 상속재산관리인 선임 비용 400만원을 지원하는 '상속재산 공공관리인제'도 운영 중이다. '무연고자 장례지원 제도'는 시민들의 호응 속에 전국 226곳 기초지자체 중 126곳까지 늘어나는 등 전국으로 확장되는 분위기다.

최근에는 제주시가 '제주도 공영장례 지원 조례 및 시행규칙'을 공포하면서 무연고자 장례 서비스 지원에 동참했고, 경상남도 역시 비슷한 내용의 '공영장례 지원 조례'가 도의회를 통과했다.[75]

라) 작은 장례 서비스[76]

현재 국내 평균 장례비용은 1,328만 원으로 터무니없이 비싸다. 이 때문에 형식적이고 돈이 많이 드는 장례가 아니라, 실속 있는 장례를 치르자는 움직임이 확산되고 있다.

서울시 서대문구청은 '작은 장례' 서약서를 작성하는 프로그램을 시행하고 있다. 작은 장례를 치르면 소비하는 비용은 약 600만 원정도 평균 장례비용의 절반도 되지 않는 비용이다. 이들은 비싼 수의 대신 고인이 평소 입던 옷을 입히고 비싼 나무 관 대신 저렴한 종이 관에 고인을 모시며, 조문객에게는 다과만 대접한다.

또, 장례기간, 시선처리 방법, 부고 범위 등을 정할 수 있고, 가족들에게 전하고 싶은 메시지도 남길 수 있다. 서대문구 문석진 구청장은 경제적으로 부담을 주는 장례문화를 바꾸는 것도 하나의 복지이고 서대문구가 시작한 이 운동이 우리나라 장례 문화를 개선해 나가는데 작은 씨앗이 되길 바란다고 밝혔다.

마) 셀프 장례[77]

1인가구가 크게 증가하면서 주위에 부담을 끼치지 않고 스스로 준비하는 이른바 '셀프(Self) 장례'가 늘어나고 있다. 셀프 장례비용은 70~300만원 수준인데, 이는 빈소도 차리지 않고 기간도 1~2일로 짧기 때문이다.

---

75) 경기도의 죽은자 위한 복지 '무연고자 장례지원'…전국에서도 화두, 경기신문, 2021.07.29
76) 출처 : 아시아경제 2017.05.31.기사
77) 출처 : STV 2016.11.07.기사

셀프 장례는 일본에서 먼저 유행했다. 일본은 대형 유통센터에서 셀프 장례 설명회를 흔히 접할 수 있다. 장례용품이나 절차를 미리 정해두는 것을 포함해 상속이나 연금 같은 노후 상담도 진행된다. 자기 사정에 맞게 장례 방식도 정할 수 있거니와 수만 명에 이르는 회원들이 장례 사업자들과 단체로 협상하는 방식이라 비용 절감 효과도 톡톡히 본다. 65세 이상 고령자의 절반 이상이 부부가 단둘이 살거나 혼자 사는 일본의 모습이 셀프 장례의 인기 비결이다.

한국도 마찬가지다. 인구 고령화와 함께 1인가구가 폭발적으로 증가하면서 '셀프 장례'가 서서히 늘어나고 있다. 셀프 장을 치르는 사람들은 대부분 매장보다 화장이나 산골 장(자연장)을 선호한다. 후세에 폐를 끼치기 싫다는 의식이 강한 것이다. 장례업계 한 전문가는 독거노인이 많아지는 한국에서 셀프 장례가 유행하는 것은 당연하다면서 허례허식이 지배하는 장례문화에 대한 거부감 때문에라도 셀프 장례는 많아질 것이라고 전망했다.

3) 자연장의 등장
가) 자연장이란

자연장은 화장한 유골의 골분을 나무, 화초, 잔디 주변에 묻는 장법이다. 수목을 이용하는 경우 "수목형태 자연장", 화초를 이용하는 경우 "화초형태 자연장", 잔디를 이용하는 경우 "잔디형태 자연장"으로 부를 수 있다. 자연장은 화장한 유골의 골분을 수목·화초·잔디 등의 밑이나 주변에 묻는 것으로 "연못장"은 자연장이 아니다.

구분	대상	장소	시설물
매장	시신 또는 유골	묘지	분묘 (비석, 상석, 기타 석물)
자연장	화장한 유골의 골분	수목·화초·잔디 등의 밑이나 주변	표지, 편의시설

[표 21] 매장과 자연장의 구분

[그림 62] 자연장의 형태

그러나 화장 후 유골을 안치하는 장법으로 정부가 장려하고 있는 자연장은 실질이용률이 그리 많지 않다. 녹색장사문화개발원 온라인 조사에서도 선호도 조사에서는 30%를 넘어서고 있지만 실질이용률은 5% 내외로 조사됐다. 언론을 비롯한 각종 학술지, 세미나 통계자료에는 3~12%선에서 조회가 되고 있다. 실질이용률이 적다는 것은 그만큼 자연장을 기피하고 있다는 것이다. 2022 국립묘지 안장관련 국민여론조사보고서에서도 본인 묘소를 '자연장'으로 하겠다는 의향은 37.1%로 높아 '봉분'보다는 '화장'장사 문화로 변화했음을 보여 준다.[78]

문제는 급증하는 회장수요에 맞추어 화장한 유골을 어떻게 처리를 하느냐가 화두로 등장하고 있다. 매장과 자연장 사이의 선호도 조사보다 화장 후 실질적인 장법에 대한 논의가 필요한 것이다.

나) 현재 화장 후 장법의 문제점

장례문화진흥원이 수도권 화장시설 6곳 중 한 곳을 이용한 1천명에게 화장 후 유골 안치 방법을 조사한 결과 봉안시설에 안치하는 경우가 73.5%로 가장 많았고, 자연장은 16%에 그친 것으로 나타났다. 하지만 봉안당은 사양화 되고 있다. 정부에서도 규제정책으로 돌아서고 있다.

봉안당의 문제점은 유지와 관리, 초기투자, 시설투자비가 과다하기 때문에 군소업체가 진출하기에는 투자비용을 조달할 수 없다는 문제점을 가지고 있다. 화장장과 더불어 대표적인 님비시설로 주민들의 기피시설 1순위로 자리하고 있다. 사설봉안당의 경우에는 공설공안당과의 경쟁을 의식해 가격을 염가로 돌려서 할인해주는 곳도 있어서 이미 봉안당의 기능을 서서히 잃어가는 곳도 생겨나고 있다. 따라서 화장 후의 장법에 대한 대책마련이 시급한 실정으로 다가와 있다. 전통의 매장방식에서 봉안당, 자연장에 이르기까지 정부의 장사정책이 일관성이 없었다는 결과다.

다) 자연장 봉안묘

장사관련 전문가들은 정부에서 내세우고 있는 자연장의 현재 실질 이용률이 3%에 불과하다는 통계치를 내놓고 있다. 따라서 바람직한 장사기술의 출현이 필요한 시점에 와있다. 그러기 위해서는 자연장에 대한 장법의 다양화가 필요하며 자연장이 국민장사시설로 자리하기 위해서는 주민 친화적이고 친환경적인 방법으로 전환해야 한다.

---

78) NICE디앤알 「2022 국립묘지 안장관련 국민여론조사 보고서」

30여 년 동안 사후 장사방법에 대해 연구와 특허를 개발해온 녹색장사문화개발원 이진우 원장은 사람은 죽어서 자연으로 돌아가야 하는 것이 자연의 이치이며 그 방법은 자연친화적이고 주민친화적인 방법이어야 한다며 결국은 흙으로 돌아가야 한다고 주장했다. 이어 현재의 자연장이 국가에서 홍보하는 국민 장사시설로 거듭나려면 흙 속에서 모토를 찾아야 되며 그게 바로 자연장이라고 강조했다.

최근 '자연장 봉안묘'라는 환경 친화적인 특허기술을 개발해 원주추모공원 등 국토의 효율화를 위해 집단묘지 활성화 방안 등 장묘방법에 대한 지속적인 연구를 해온 녹색장사문화개발원의 '자연장 봉안묘'에 대한 검토도 하나의 대안이 될 수가 있다. 불과 0.5평의 땅에 4위의 가족묘가 들어갈 수 있다. 79)

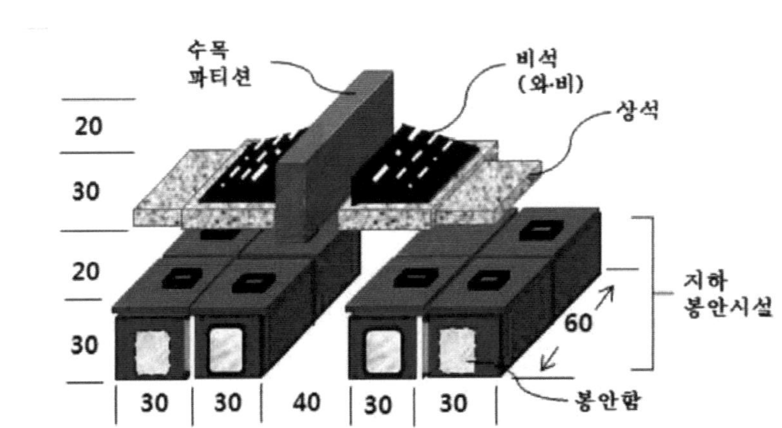

▲자연장 봉안묘 조감도. 봉안함 입출 시에는 독점적인 통로가 확보되며 높은 집적도의 집단묘지 조성이 가능한 기술이다. 시설의 특장점은 봉안함 안치상자를 지하 흙속에 설치를 하며 별도의 건축물이나 구축물이 없어 유지관리비가 없다. 자연장의 원리적인 장점과 봉안시설이 가지고 있는 안치의 장점을 융합한 기술이다.

[그림 63] 자연장 봉안묘 조감도

6가지로 구성된 이 특허기술은 '사람이 흙에서 태어나 흙으로 돌아간다.'는 인간의 기본적인 원리를 충족해 주고 있다. 자연장이 가지고 있는 원리적인 장점인 흙과 봉안당이 가지고 있는 장점인 안치 상자를 땅에 묻는 것이 특징이다. 시설의 재사용을 담보하는 환경 친화적이고 주민 친화적인 시설이다. 주검을 흙속에 매장함으로서 전통적인 국민정서에도 부합하는 시설이라고 보면 된다. 각 지자체의 집단묘지, 가족묘나 문중묘, 그리고 만장이 되어가고 있는 사설 공원묘지를 운영하고 있는 재단법인 사업자들에게는 필수적인 시설이라고 볼 수 있다.

---

79) 출처 : 상장례산업뉴스 2016.10.31.기사

라) 정부의 노력과 자연장의 전망

보건복지부는 2016년 1월부터 산림보호구역에도 수목장을 설치할 수 있게 하는 등 자연장과 관련된 각종 규제를 개선해나가고 있다. 하지만 기존의 정부가 주장하는 자연장이라는 개념은 수목장에 초점이 맞추어져 있으며, 이러한 수목장도 최근에는 표시석을 설치하지 않고서는 수목장 개념을 충족할 수 없다. 변형이 되었다는 것이다. '이름표'를 매달아 놓는 원시개념의 수목장은 현재는 거의 없다고 보면 된다. 따라서 정부는 화장 후에 자연으로 돌아갈 수 있는 자연장의 장법 선택에 있어서 국토의 효율화를 꾀할 수 있는 합리적이고 효율적인 장사 방법에 귀를 기울여야 할 때다.

05

시니어산업 관련 기업

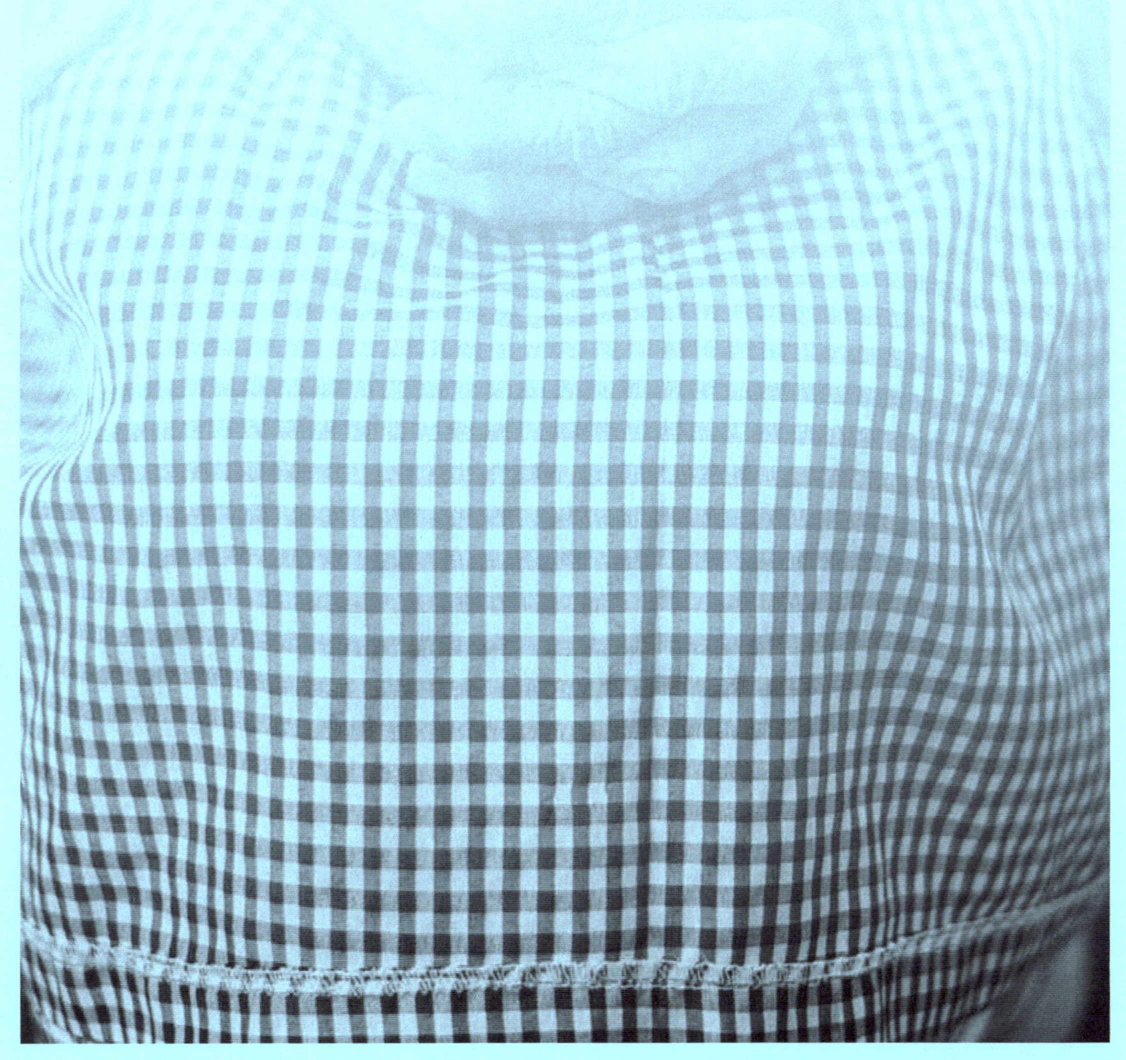

5. 시니어 산업 관련 기업

가. 일본 기업

1) 이온[80]

[그림 65] 이온

 일본 최대 유통업체 이온(AEON)리테일은 대형마트, 소형마트, 드럭스토어, 편의점 등 모든 유통채널을 보유하고 있다. 또, 이온리테일은 PB브랜드인 '톱밸류'를 통한 사업에도 박차를 가하고 있다. 이온은 중장기 발전 방향성으로 4가지를 꼽았다. 그것은 '도시로, 고령으로, 아시아로, 디지털로'이다.

 먼저 이온은 도시에서 멀리 떨어진 쇼핑몰을 다시 도시로 옮길 계획이다. 쇼핑을 위해 자동차로 이동해야 하는데 고령의 소비자들은 운전 위험성이 높아지기 때문이다. 또한 고령 소비자들을 위한 품목을 늘릴 예정이다. 드럭스토어에서 내부에 조제약국을 포함해 병원을 다니는 소비자들이 약과 생필품을 동시에 구매할 수 있게 할 방침이다.

 인터넷 쇼핑도 강화할 예정이다. 고령의 소비자층을 겨냥해 밖에 나가지 않아도 물건을 구매할 수 있고 기본적으로 당일 배송 서비스를 제공할 계획이다. 이온 산하의 드럭스토어 브랜드인 웰시아는 최근 M&A 이후 성장률이 가장 높게 나왔다. 이온은 앞으로 드럭스토어가 가장 크게 성장할 것이라고 전망했다.

 최근 대형마트에서 쇼핑을 하면서 스마트폰 카메라로 그때그때 상품의 바코드를 찍어서 결제하는 '개별 셀프 결제시스템'이 일본에서 유행하고 있다. 이온그룹에서도 대형마트 '이온몰'과 슈퍼마켓 브랜드 '마루에쓰'에 개별 셀프 결제시스템을 도입했다. 이온몰은 매장 입구에 비치된 전용 스마트폰 '레지코'를 이용하고, 마루에쓰는 고객 스마트폰에 전용 앱인 '스캔앤드고'를 까는 방식이다. 신용카드를 앱에 등록하면 카드를 꺼내 단말기에 삽입하는 결제과정을 생략할 수 있다.

---

80) 출처 : 푸드경제TV 2017.01.06.기사

계산대에서 줄을 설 필요가 없어지자 고객의 이용률이 20%까지 높아졌다. 디지털 시스템에 익숙지 않은 소비자들이 많은 일본에서는 이례적으로 빠른 성장세다. 대면접촉을 꺼리고 장보는 시간을 줄이려는 소비자들의 행동변화에 들어맞았기 때문이라는 분석이다. 시스템을 도입한 이온몰의 수도 2020년 3월 2개에서 2021년 22개로 늘었다.[81]

2) Three Forest[82]

일본의 Three Forest사는 HAPPY TABLE이라는 음식 배달 서비스를 제공하고 있다. HAPPY TABLE은 몸이 불편한 고령자를 위한 외식음식 배달 서비스로, 인터넷을 사용할 수 없는 고령자 대신 간병인이 THREE FOREST의 시스템을 통해 요리를 주문, 배달하는 시스템이다. 이용자는 요양사업자를 통해 음식값 및 배달료를 월말에 일괄 지불하는 구조이며, Three Forest는 요양서비스업자에게 수수료를 뺀 보수를 지불한다. 만약, 배달이 불가한 경우에는 간병인이 요리를 픽업하며, 그 경우에는 배달료가 서비스 요금에 추가된다. 이처럼 안면이 있는 간병인이 주문, 배달해주기 때문에 안심하고 외식요리를 즐길 수 있다는 점이 이 서비스의 장점이다.

81) 쇼핑하면서 2초 만에 셀프결제…줄 안서는 日 대형마트 [정영효의 인사이드 재팬], 한국경제TV글로벌, 2021.03.08
82) 일본 실버시장을 잡아라, KOTRA, 2020.05.28

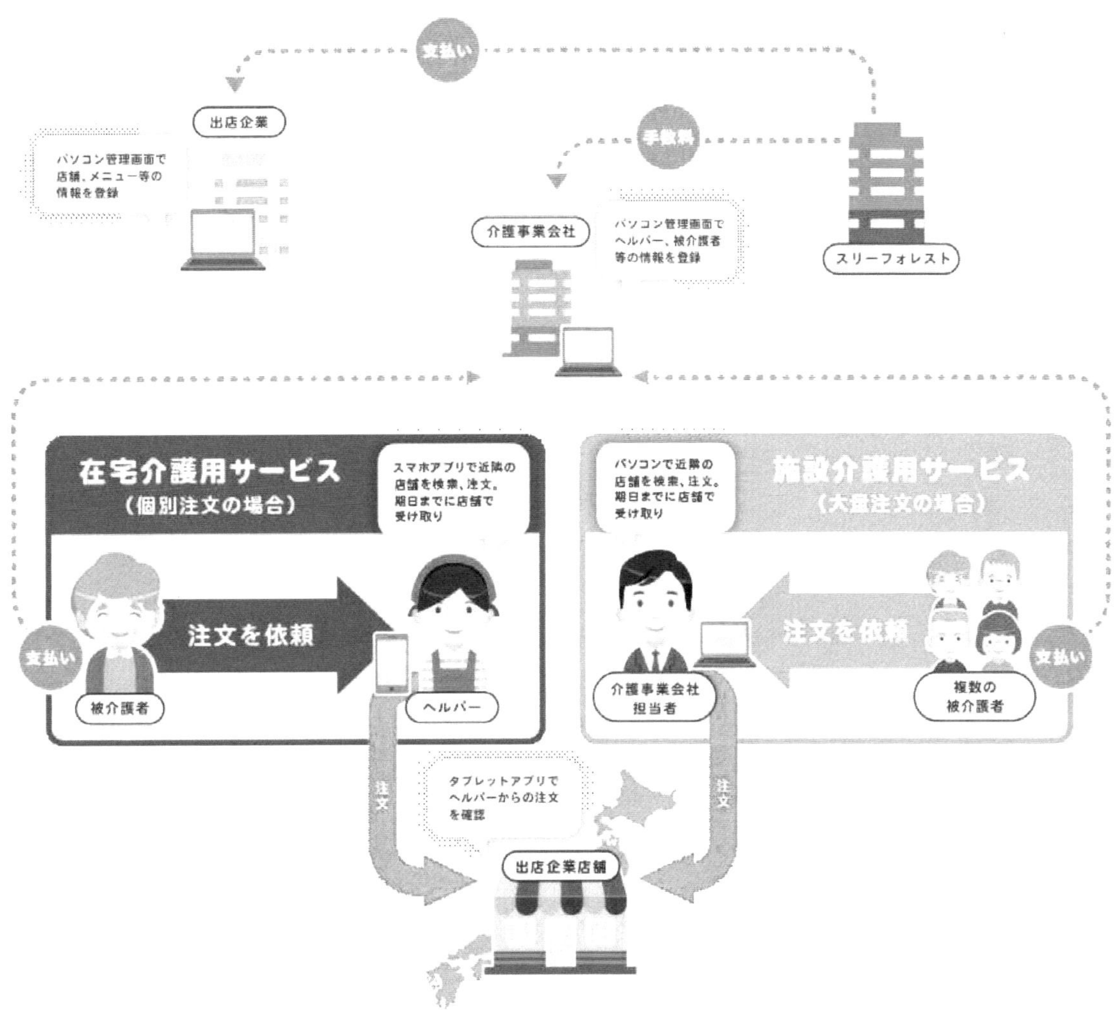

[그림 66] Three Forest의 HAPPY TABLE 서비스 개요

3) MWS HIDAKA[83]

[그림 67] MWS HIDAKA

MWS HIDAKA사는 이동판매 슈퍼, 노인헬스 등 비보험 사업을 적극적으로 추진하는 요양보험 사업자(복지시설 운용사)다. 본사는 지방도시인 군마현에 위치하고 있으며, 복지시설에서 사용하는 셔틀버스를 이용해 고령자가 원할 때 이용할 수 있는 픽업 서비스를 2019년부터 개시했다.

이용자는 스마트폰으로 목적지를 선택 및 예약할 수 있으며, 가격은 1회 300엔이다. 또한, 이용할 수 있으며 희망하는 장소 외에 고령자의 신체상황(휠체어, 소통장애 등)도 전달되어, AI가 이용 희망자의 집 근처를 돌아다니는 셔틀버스를 배차한다.

MWS HIDAKA의 서비스는 일본 지방도시의 사정을 역으로 이용한 것으로 택시나 버스가 자주 돌아다니지 않는 지방도시에서 수요가 늘어날 것으로 기대되고 있다. 본 서비스는 경영 주체가 다른 복지시설과의 협력이 반드시 필요하기 때문에 이를 위해 플랫폼을 구축하였으며, 택시업계의 반발이 있기 때문에 전국 규모로 활성화되기까지 시간이 걸릴 것으로 보이나 지방도시에 사는 고령자에 있어서 꼭 필요한 서비스로 기대되고 있다.

[그림 68] MWS HIDAKA

---

83) 일본 실버시장을 잡아라, KOTRA, 2020.05.28

 일본의 프랑스베드는 일본 매트리스 시장 점유율 1위인 기업으로 '프랑스베드이기에 가능한 것'에 목표를 두고 나이에 구애받지 않고, 자기 자신답게 살 수 있도록 생활의 질 향상을 위해서 노력하는 기업이다. 일본에서 처음으로 요양 침대의 렌탈 서비스를 시작한 기업이다.

 프랑스베드는 고품질의 상품을 고객들이 직접 만져보며 이해할 수 있도록 일본 전국 각지에 쇼룸 및 PR스튜디오를 개설하고 있다. 쇼룸에서 수면 자세 측정기를 설치하고 각각의 고객의 수면 자세에 맞는 침구를 판매하고 있다.

 또한, 높은 내구성과 품질로 세계적으로 저명한 브랜드다. 대표적인 실버용품으로는 요양용 전동침대 '플로어베드'와 '멀티핏'이 있다. '플로어베드'는 바닥에서 약 11cm의 초저상 높이 (국내 최저)까지 내려가 낙상의 우려를 줄였다. '멀티핏'은 신체사이즈, 질환, 오연(잘못 삼킴) 등 어르신의 상태를 고려해서 다양하게 조절할 수 있는 프리미엄 제품이다.[84]

[그림 69] 일본 전국 각지의 프랑스베드 매장

 프랑스베드는 고객들이 이제까지 살아온 익숙한 자기 집에서 살고 싶다는 요구에 맞춰 복지 용구 및 재가의료기기 렌탈과 판매를 하고 있다. 또 풍부한 지식과 경험을 가진 전문 스텝이 고객들과 상담을 해주고 요청에 응하고 있다. 일본에서 처음으로 요양 침대 렌탈을 개시한 리딩기업으로서 시장을 선도하고 있다.

---

84) MEDI:GATE NEWS '한국시니어연구소, 코엑스 레하홈케어 2022 참가'

프랑스베드는 1983년 요양침대 구입 후 불과 3개월 만에 침대가 필요 없게 된 고객에게 침대를 인수해달라는 요청을 받고 이를 계기로 개호복지용구를 필요한 기간만큼 렌탈한다는 개념의 사업을 시작하였고 환경과 고객을 위해 렌탈제품의 세정, 소독, 보관에 세심한 주의를 기울여 렌탈 서비스를 진화시켜가고 있다.

또한 기존 개호복지용구 전문점에서만 판매하던 전동 휠체어와 전동 자전거 등을 일반 가구점에서도 팔기 시작했다. 프랑스베드 측은 먼 거리를 이동하기 어려운 고령자들이 쉽게 물건을 보고 살 수 있도록 접근성을 높이자는 취지라고 설명했다.

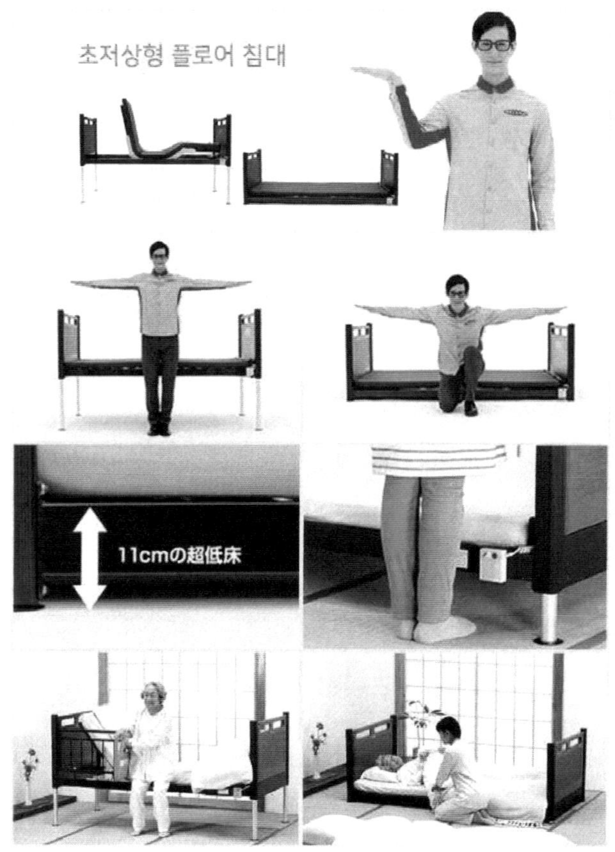

[그림 70] 초저상형 플로어침대

나. 중국 기업[85]

1) JINTAIYANG

종합 양로 서비스 기업인 JINTAIYANG은 온라인 플랫폼을 중심으로 가정 양로, 지역사회 양로, 기관 양로를 결합시켜 건강 융합 종합 양로 체계를 구축했다. JINTAIYANG은 2007년 설립된 현재 중국의 20개 도시에 진출했으며, 529개의 양로 서비스 기관, 56개의 간호 서비스 센터, 10개의 양로원을 운영하고 있다.

JINTAIYANG의 양로 서비스 플랫폼은 매년 약 300만 명이 이용하며 현재 양로선업 내에서 선두적인 위치를 선점하고 있다. JINTAIYANG은 자사가 보유한 의료기관과 3甲 병원[86]의 협력으로 콜센터와 응급실을 연계한 24시 응급구조 서비스 지원 시스템을 구축했다. 이 시스템을 통해 15분 이내에 환자의 가정에 구급차가 도착할 수 있으며, 지역 내 아파트 단지, 양로 서비스 센터, 양로 의료기관 순으로 10분, 30분, 60분 내로 도착하는 긴급 서비스를 제공하고 있다.

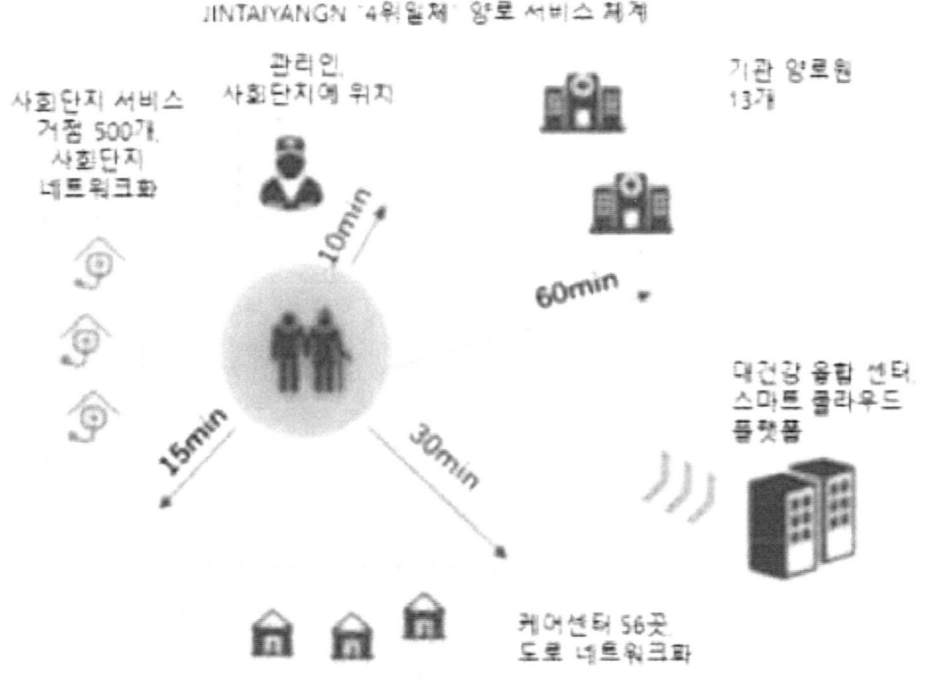

[그림 71] JINTAIYANG 서비스 체계

---

85) 중국의 노인인구 현황 및 시사점 -중국의 젊은 노인을 잡아라-, 한국무역협회, 2021.06.24
86) 3甲 병원: 중국에서 가장 높은 등급의 병원으로 501개 이상의 병상을 보유해야 한다.

2) XIANGYUYILIAO

XIANGYUYILIAO는 종합의료 기기를 개발, 생산, 판매하는 기업으로 20년간 종합의료 분야의 재활기기를 자체 개발했다. 현재 중국에서는 재활의학이 4대 의학 중 하나로 자리 잡고 있으며, 재활 의료기기 시장 역시 매년 10% 이상 커지고 있다. 중상정보망에 의하면 2016년 181억 위안 규모였던 시장규모가 2020년 413억 위안까지 늘어났다. 특히 2년 넘게 지속되고 있는 팬데믹과 중국의 제로코로나 정책으로 인해 더 빠르게 성장할 것으로 예측된다. 코로나 확산 기간 중국에서는 병원, 요양원 등 의료기관을 방문하는 것이 많이 까다로워졌기 때문이다.

중국 리서치 기관인 아이미디어 리서치에 자료를 바탕으로 2022년 기준 중국 의료기기 시장규모는 1조 3,000억 위안(한화 약 245조 원)에 달하며, 이는 2013년 2,120억 위안 대비 6배 성장한 수치이며, 최근 5년간 12% 이상의 연평균 성장률을 기록했다. 또한, 2025년에는 시장규모가 1조 8,000억 위안(한화 약 345조 원)에 이를 것이라고 전망했다.[87]

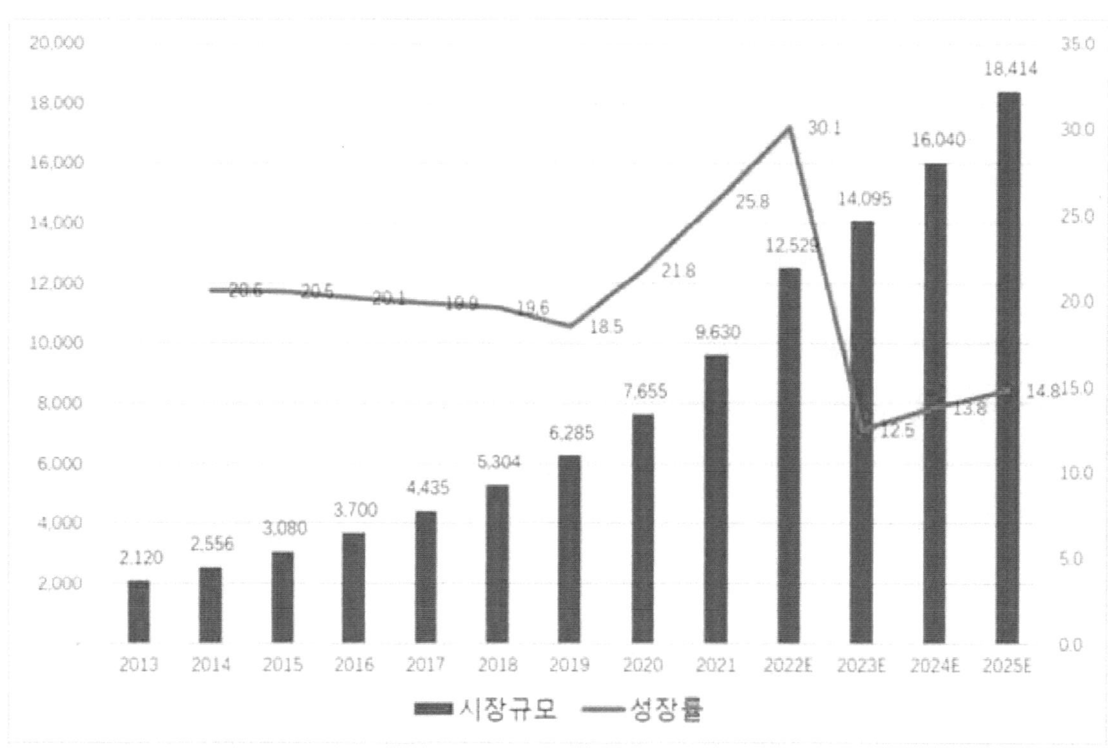

87) 의학신문 '중국 가정용 의료기기 시장, 잠재성장력 크다'

XIANGYUYILIAO는 본사만의 제품 라인과 개발 규모를 확대하면서 시스템화, 제품 판매 최적화에 따른 임상 재활 및 재활 일체화 솔루션 제시로 점차 시장의 인정을 받기 시작했다. 2017년 자사의 매출액은 2.89억 위안이었으나, 2020년 4.96억 위안으로 증가하면서 3년 사이 약 71.6%의 성장을 기록했다. 지배주주 순이익도 2017년 6,477만 위안에서 2020년 1.96억 위안으로 빠르게 증가했다.

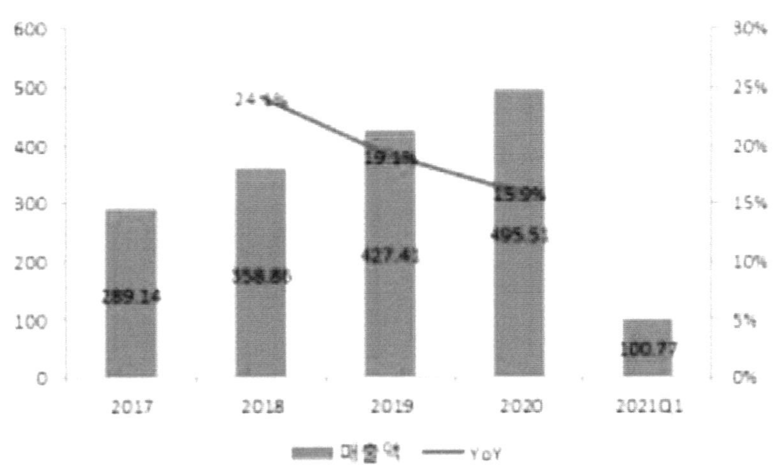

[그림 73] 2017~2021 1분기 매출액 (단위: 백만 위안, %)

3) HAIYANGGUFEN

HAIYANGGUFEN은 온라인 양로 플랫폼을 이용해 양로원, 양로단지에 간호, 재활, 오락, 응급대응 등 서비스를 제공할 수 있는 일종의 커뮤니티 CCHC(Continuing Care Home-based Community)[88] 모델을 만들었으며, 현재 중국 10개 성 및 32개의 도시에 CCHC 모델 서비스를 제공하고 있으며, 약 289만 명의 노인이 서비스를 이용하고 있다.

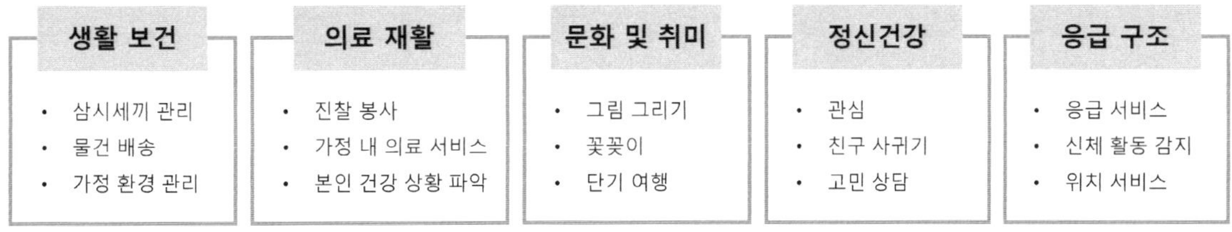

[그림 74] CHCC 서비스 내용

---

88) 상하이 양푸취의 CCHC의 경우 약 10㎡ 면적의 공간을 활용하여 노인들 심전기, 혈압기, 혈당기 등 의료기기 사용이 가능하며, 식사 서비스, 노후 도우미 정기 방문 서비스, 건강 및 심리소통 상좌 등을 매우 진행하고 있다.

최근 양로 산업의 성장세와 함께 2018년 이후 양로 서비스 사업부분의 매출액은 2018년 2,930만 위안에서 2020년 9,410만 위안까지 증가했다.

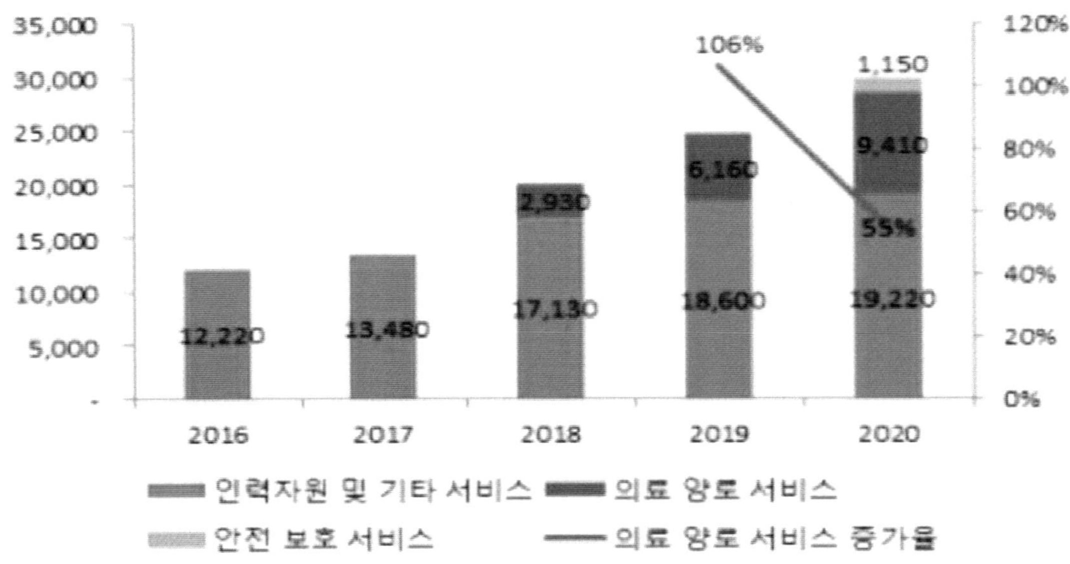

[그림 75] 2016~2020년 HAIYANGGUFEN 사업부별 매출액 추이 (단위: 만 위안, %)

다. 미국 기업[89]

1) 질레트(Gillette)

[그림 76] 질레트

 면도기 회사 질레트는 세계 최초로 자신이 아닌 다른 누군가를 면도해 줄 때 쓸 수 있는 면도기를 판매하기 시작했다. 몸이 불편해 혼자서 면도를 할 수 없는 고령 남성을 위해 아들이나 딸이 대신 면도를 해줄 수 있도록 제품을 만들었다.

 면도날은 상처가 나거나 다치지 않도록 좀 더 안정적 면도날을 사용했고, 면도 중 면도날의 막힘 현상이 없도록 면도날 사이에 홈을 만들어 개방성을 확보했다. 손잡이는 기존의 면도기와 달리 페인트 브러쉬처럼 검지 손가락을 중심으로 보호자가 쉽게 제어할 수 있는 인체공학적 디자인이다. 또한 손잡이에는 물이 필요 없는 특수 면도젤이 들어 있어 상처 없이 면도가 가능하다.

 사용 후 면도날은 분리 제거하고 새로운 면도날로 교체가 가능해 손잡이는 반영구적으로 사용할 수 있다. 아래 광고를 보면 95세 아버지를 위해 면도를 해주는 딸의 모습을 볼 수 있다. 면도하는 데 익숙하지 않은 딸도 고령의 아버지를 위해 면도를 해 줄 수 있도록 만들어졌음을 알 수 있다. 가격은 미국의 경우 4개의 면도날과 손잡이 한 세트에 8달러(약 1만원)에 판매되고 있다. 아직은 한국에는 판매되고 있지 않다.

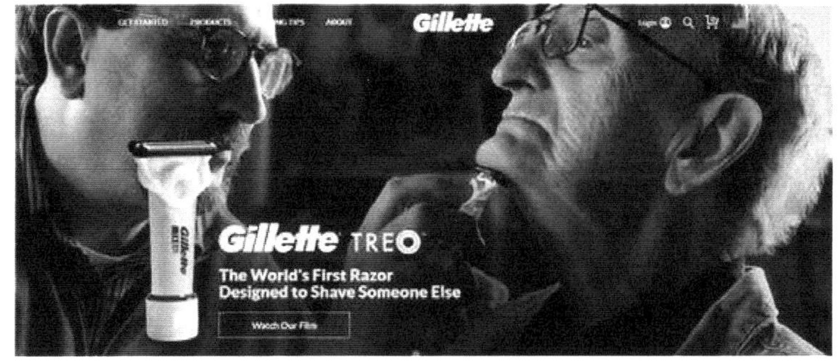

[그림 77] 질레트 트레오

---

89) [더오래]고령 부모 모시는 자녀 돕는 해외 서비스, 중앙일보, 2020.08.08

2) 위즈도(Wisdo)

[그림 78] 위즈도

위즈도(Wisdo)는 2015년에 설립된 소셜 미디어 회사로 대학진학, 외로움, 스트레스, 부모 돌봄, 인종차별 등 다양한 분야 사람들이 상호 간 경험을 공유하는 플랫폼을 제공하고 있다. 여러 관심 분야 중 고령의 부모를 돌보고 있는 자녀들이 서로의 경험과 어려움 등을 나누고 위로를 받을 수 있는 '돌봄(caregiving)'에만 2020년 기준 3,400여명의 회원이 가입되어 있다. 스마트폰이나 컴퓨터에 애플리케이션을 설치하면 길을 걸으면서, 버스를 타면서도 부모 돌봄에 대한 다양한 경험이나 어려움을 얘기할 수 있고, 조언을 받을 수 있다.

위즈도는 각 관심 분야별 전문상담가도 참여해 전문적 조언을 제공하기 때문에 한 달에 8,000원, 1년은 5만 3,000원의 가입비를 내야 한다. 가입비를 내고 참여하면 24시간 언제든지 관련된 상담서비스를 받을 수 있다. 기존 소셜 미디어와 달리 개인 간 메시지를 사용하기 때문에 페이스북과 같은 전통적 소셜 미디어 사이트와 같이 자신의 경험이 타인에게 노출되지 않는다. 위즈도는 돌봄 제공자를 위한 제품은 아니지만, ICT 기술을 활용한 소셜 미디어 방식의 혁신적 접근방식으로 뛰어난 접근성을 갖고 있다는 장점이 있다.

[그림 79] 위즈도 서비스

3) 토치라이트(Torchlight)

[그림 80] 토치라이트

 2011년에 설립된 토치라이트(Torchlight)는 자녀나 부모를 돌보는 직장인에게 돌봄 관련 조언과 도움을 제공해주는 기술기반 플랫폼 회사다. 미국의 경우 직장인의 81%가 부모 돌봄에 대한 걱정을 하고 있는 것으로 나타나, 부모 돌봄이 직장 내 생산성과 근속 기간에 영향을 미치고 있는 상황이다. 많은 직장인은 일을 하면서 부모님의 이사, 병원예약, 요양서비스 선택 등 다양한 돌봄 문제에 직면하게 된다. 토치라이트는 온라인을 통해 직장인을 위한 돌봄 전략 및 솔루션을 실시간으로 제공하고 있다. 토치라이트는 고용주와의 협약을 통해 근로자 지원프로그램 또는 건강보험 형태로 근로자에게 공급된다. 근로자의 부모부양 의무가 근로 생산성에 미치는 부정적 영향이 비즈니스의 중요한 위험요소로 간주되고 있기 때문이다.

 토치라이트는 상담을 진행한 다음 디지털 플랫폼을 활용해 24시간 관련 해결책을 제시하는 서비스를 제공한다. 또한 추가로 미국 내 전문가들과 실시간 화상회의 등을 통해 직장인이 부모를 돌보면서 직면하게 되는 다양한 문제에 대한 상담을 진행한다.

[그림 81] 토치라이트 서비스

라. 국내 기업[90]

1) ㈜유한킴벌리

[그림 82] 유한킴벌리

유한킴벌리는 초 고령화 사회에 대비해 시니어 중심의 CSV[91]사업을 추진해왔다. 사업은 크게 두 갈래로 일자리 만들기와 시니어를 위한 제품 생산 및 판매이다. CSV란 공유가치창출 경영의 일환으로 기업과 사회 간 관계에서 이해가 맞는 부분의 가치를 창출, 기업의 수익을 높이는 동시에 사회 문제를 해결한다는 기업경영방식이다. 2000년 전후에 등장한 사회 책임경영(CSR[92])이 기업 수익의 사회 환원 성격이 짙었다면 CSV는 수익 창출 자체를 추구한다는 점에서 차이를 보인다.

유한킴벌리는 2012년 본격적으로 CSV 사업을 추진하기 시작했다. 이를 위해 유한킴벌리는 역동적인 삶을 추구하며 생산과 소비 양쪽 모두에서 적극적인 주체가 되는 '액티브 시니어' 개념을 정립했다. 또한 회사는 CSV 사무국을 새로 설치하고 시니어비즈니스 부문과 협업함으로써 새롭게 창출되는 가치에서 신규 사업을 적극적으로 키워오고 있다.

유한킴벌리는 고령사회의 문제를 해결하는 동시에 회사의 이익도 증진시킬 수 있는 방법을 모색하였고 그 결과 시니어의 인식을 바꾸고 일자리를 만들어 소득과 소비를 늘리면 된다는 결론이 나왔다. 그렇게 된다면 시니어 산업이 활성화되어 시니어 시장이 확대되고 또한 이는 다시 시니어 일자리를 확대시키는 선순환을 이루게 된다. 시니어 기업 지원 배경은 이러한 전략의 핵심이다. 시니어 기업을 성장시키면 시니어 일자리가 늘고 그들의 소득 수준이 높아지면서 시니어 시장도 커진다는 것이다.

거동이 불편한 고령층 환자를 돌볼 때 가장 기본적인 '씻는 일'이 고충 중의 하나이다. 제대로 씻지 못할 경우 추가 질병이나 감염 우려가 커질 수밖에 없다. 이를 위해 최근 유한킴벌리 시니어사업부는 사용 후 물로 씻어 낼 필요 없이 젖은 수건으로 닦아낼 수 있는 샴푸, 원하는 부위에 뿌려 사용할 수 있는 바디워시, 양치대용, 목욕대용, 일반용으로 세분화 된 물티슈 등 5종의 디펜드 간병케어 제품을 신규 출시했다.[93]

---

90) 출처 : 한국의 시니어 그리고 시니어 비즈니스
91) CSV : Creating Shared Value (공유 가치 창출)
92) CSR : Corporate Social Responsibility (기업의 사회적 책임)

[그림 83] 디펜드 간병케어 제품

또한 유한킴벌리는 10년간 함께 일하는 재단 등 다자간 협력을 통해 공유가치창출(CSV) 모델인 시니어 소셜벤처 '임팩트피플스'를 출범하는 등 액티브시니어 생태계 조성을 본격화했다. 임팩트피플스는 시니어 일자리 비즈니스 플랫폼 기업으로 공공영역의 협력을 바탕으로 시니어 비즈니스와 양질의 일자리 창출을 목표로 한다.

주요 사업으로는 공공기관 및 대기업 협력 시니어 일자리 창출 사업, 시니어 이커머스 사업, 시니어 리서치 사업 등을 추진하게 된다. 목표는 향후 5년간 시니어 일자리 1만 개 창출, 회원 30만 명 확보다.

세부적으로 공공기관 및 대기업 협력 시니어 일자리 창출 사업으로는 공공마켓 소상공인 현장 컨설던트 양성사업, 퇴직자 소셜벤처 인턴십 등이 진행된다. 시니어 이커머스 사업은 시니어 콘텐츠 개발 및 정보공유 커뮤니티 운영을 시작으로 시니어 토탈 플랫폼을 목표로 이커머스 서비스 제공을 기반으로 플랫폼 입점 수수료를 시니어 비즈니스 기금에 적립하는 형태로 시니어의 생태계 지속성을 높일 계획이다.

마지막으로 시니어 리서치 사업을 통해 시니어 패널을 조성하고 초 고령사회 진입에 대비해 시니어 대상 비즈니스 솔루션을 제시한다. 리서치 사업의 결과물은 시니어 유관 제품 및 서비스 개발에 이용된다.[94]

---

93) [시니어케어제품] 유한킴벌리, 간병케어 신제품 출시, 이모작뉴스, 2020.09.09
94) 함께일하는재단, 유한킴벌리와 시니어 소셜벤처 '임팩트피플스' 출범, LifeIn, 2020.08.13

2) ㈜사랑과선행[95]

[그림 84] 사랑과 선행

㈜사랑과선행은 노인이 마지막까지 영양 높고 맛있는 식사를 할 수 있는 식품을 제조·유통하고 있는 국내 유일의 고령식품 전문기업이다. 2013년 사업을 시작해 지난해 기준 전국에 연간 270만 식의 고령친화식품을 고정으로 제공할 정도로 시장에서 인정받고 있다.

㈜사랑과선행은 요양기관을 비롯한 외식프랜차이즈인 '맛상FS'와 고령식품인 '맛상e배려식', 배달서비스가 접목된 '효도쿡' 등 3가지 브랜드로 시장의 우위를 점하고 있다. 최근에는 치매예방과 인지 기능 재활 및 치료를 돕는 차세대 헬스기기 '해피테이블'을 선보이며 시니어헬스케어에도 진출했다. 이러한 기술력을 인정받아 2021년 3월에는 기술신용평가기관인 ㈜나이스디앤비로부터 최우수 등급인 TI-3등급을 획득했다. 고령친화식품기업으로는 국내 첫 사례다.

[그림 85] 효도쿡 음식

---

95) 활기찬 노후생활 돕는 ㈜사랑과선행, 기호일보, 2021.07.21

또한, 최근 성남시 대표 사회적 기업으로 노인 문제 해결에도 동참하고 있다. ㈜사랑과 선행은 성남시와 협업해 저소득가구 노인 246명에 대한 식사 지원 사업과 함께 ㈳월드휴먼브리지를 통해 전국의 노인 170명에게 매일 식사와 안부·안전서비스를 제공하는 '커뮤니티케어' 사업, 청소년 의료 돌봄 및 마스크 지원 등을 전개 중이다.
㈜사랑과선행의 주요 사업을 조금 더 살펴보도록 하자.

① 요양원 케이터링 사업

국내 요양기관은 자체적으로 영양사와 조리원을 채용해 식단을 제공하도록 법령으로 정해져 있다. 그래서 모든 요양원은 자체 식당을 운영하고 있다. 하지만 소규모 기관의 경우 인력 관리 및 예산 문제, 고령식에 대한 전문성 부족으로 사실상 운영이 어려운 것이 현실이다.

이에 사랑과선행은 훈련된 영양사와 조리원을 파견, 식당 운영 자체를 위탁하는 '요양원 케이터링' 사업을 확장 진행 중이다. 보통의 급식과는 다르게 반찬(5찬)은 천연조미료를 사용하고, 국은 풍부한 재료(건더기)를 넣은 육수로 맛을 내는 것이 특징이다. 이처럼 기술력과 전문성으로 조리된 식사는 집밥 같은 맛과 저렴한 가격으로 이어져 대형 식품기업들과의 경쟁에서도 뛰어나다는 평가를 받고 있다. 현재 외식프랜차이즈로 운영되는 성남혁신시니어센터 직영점을 비롯해 전국 54곳의 요양 관련 기관에서 위탁 운영되고 있다.

② 맛상e배려식

맛상e배려식은 국내에는 없던 고령식품에 대해 숙명여자대학교 및 SLC㈜(일본 시니어식사 배달서비스 1위 기업)이 사랑과선행(고령식품연구소)에 기술이전을 하며 탄생했다. 즉, HMR(간편조리식품) 고령친화식품의 온라인 유통 플랫폼이다. 주문생산방식(OEM) 등으로 생산하는 배려식은 영양과 맛을 담은 체계적인 조리법을 통한 급속 냉동 방식으로 제조돼 유통 과정의 맛 손실을 최소화했다. 냉동 상태로 장기간 보관할 수 있기 때문에 식사별 재고 로스율은 제로에 가깝다. 그러면서도 식단 구성과 조리, 배송, 결제까지 원스톱으로 이뤄지는 노인 식사 솔루션이다.

맛상e배려식은 특정 재료를 다지거나 갈지 않고도 음식의 모양과 식감을 그대로 살리면서 부드럽게 하는 효소 활성 기술을 적용한 것이 특징이다. 이를 통해 영양 밸런스를 맞추고 삼킴 장애를 고려한 부드러운 식품, 고혈압이나 칼로리 조절식 등 노인성 질환에 도움이 되는 식단이 제공된다. 완전조리식품이므로 전문 조리인력을 두지 않고 해동과 소분만으로 식사를 해결할 수 있다. 저렴한 가격에 전국 어디서나 편리하게 배송 받을 수 있는 것도 장점이다.

2020년에는 고려대학교와 고령자의 영양 처치와 노쇠 인자에 대한 연구를 진행하며 노인 식문화 개선의 필요성을 제기했고, 고령식품기업 최초로 요양기관 식사서비스 제공에 관한 BM 특허를 취득한 바 있다. 해당 특허는 전문 고령친화식단을 빅 데이터 기술을 통해 자동으로 작성·제공해 각종 요양기관에서 편리하게 고령친화식품을 섭취할 수 있도록 하는 방법이 담긴 비즈니스 모델이다. 이에 국내 굴지의 식품기업인 CJ프레시웨이와 케어푸드 개발을 공동 진행하는 계약을 맺기도 했다. 최근에는 뼈 없는 생선 8종을 론칭한 상태로, 일본 SLC 등과도 공동 개발을 통해 더 많은 종류의 제품들을 개발해 나간다는 계획이다. 맛상e배려식은 530여 곳의 요양기관 등에 납품 중이다.

③ 효도쿡

사랑과선행은 일본의 '宅配クック123(택배쿡123)' 브랜드와 기술·서비스이전 계약을 통해 2019년 한국에 '효도쿡'이라는 브랜드를 론칭했다. 식사 준비에 어려움을 겪거나 고령친화 식사가 필요한 시니어세대가 주 타깃이다. 특히 고령자에 영양 밸런스를 갖춘 식사를 배달함과 동시에 이들의 안부와 안전을 확인하는 돌봄 서비스가 결합된 사업이다.

일명 '효집사'로 불리는 배달원이 노인을 직접 보고 전달하는데, 이 과정에서 자연스럽게 체크·관리하는 시스템이다. 이 때문에 효집사는 요양보호사 또는 사회복지사 자격이 있거나 일정 기간 자사에서 교육을 이수한 준전문가만 업무를 맡고 있다. 도움을 요청하거나 긴급 상황 발생 시에는 해당 기관에 바로 연락하도록 메뉴얼화 되어있다. 현재 성남도촌 직영점을 비롯해 부산 수영, 해운대, 경남 통영, 대구, 수원, 용인 상현, 분당 정자점 등이 운영 중이다.

④ 해피테이블

 사랑과선행은 식사를 통한 고령자의 영양 문제 개선을 넘어 신체 및 인지 기능 재활과 치료를 위한 헬스케어로 사업을 확장하고 있다. 그 첫 제품은 치매 예방과 인지 기능 재활 및 치료를 돕는 전산화 인지 재활 프로그램이 내장된 '해피테이블'이다. 요양시설 노인들이 함께 즐기며(최대 4인) 인지 기능을 향상시킬 수 있는 수십 개의 맞춤형 게임 프로그램이 탑재돼 있다.

 해피테이블은 인지 훈련과 인지 자극을 통한 협동과 경쟁이라는 상호작용으로 노인들의 반응·기억·주의·문제해결력 및 유연성을 높이는 데 도움을 준다. 또 게임시간과 점수, 변동 추이 등 사용자 정보가 기록돼 활동 분석을 통한 관리 및 예측도 가능하다. 이와 함께 MMSE(간이 정신 상태 검사), 건강체조 등 데이터 기반 재활훈련이 가능한 치매 예방 콘텐츠가 내장돼 있다. 이 같은 독보적인 기능으로 현재 전국 50여 곳의 공공사회복지기관과 치매안심센터에 납품·운영되고 있다.

[그림 86] 해피테이블

3) 빛과소금(유당마을)

1988년 설립된 유당마을은 국내 1호 실버타운으로 유명하다. 현재는 실버타운이 편한 노후 생활을 위한 꿈의 공간으로 알려져 있지만 유당마을이 설립된 80년대만 해도 '실버타운'이라는 개념조차 생소했다. 자식이 없거나 영세한 노인들만 가는 곳인 줄 알았던 양로원이 노인들의 편안한 노후를 지원하는 꿈의 공간으로 재탄생한 것을 본 양창갑 전 이사장은 국내에 돌아와 유료양로원인 '유당마을'을 세웠다.

구분	공급평형	입주보증금	월 생활비	
신관	20평형	150,000,000원 ~ 178,000,000원	1인	1,990,000원
			부부	3,050,000원
	25평형	180,000,000원	1인	2,020,000원
			부부	3,090,000원
	27평형	223,000,000원 ~ 235,000,000원	1인	2,020,000원
			부부	3,090,000원
	30평형	245,000,000원 ~ 255,000,000원	1인	2,040,000원
			부부	3,170,000원
	42평형	280,000,000원 ~ 290,000,000원	부부	3,250,000원
본관	15평형	103,000,000원 ~ 108,000,000원		1,920,000원(A형) 2,170,000원(B형)
	24평형	140,000,000원 ~ 160,000,000원	1인	2,020,000원
			부부	3,090,000원
		190,000,000원 ~ 210,000,000원	1인	2,020,000원
			부부	3,090,000원
	35평형	227,000,000원 ~ 257,000,000원	부부	3,170,000원

※ 월 생활비에는 식사비용(90식)이 포함됨.

[그림 87] 유당마을 입주비용

처음에는 힘들었지만 시간이 지나면서는 적지 않은 보증금과 생활비에도 불구하고 유당마을은 그동안 공실이 나오지 않을 정도로 인기가 높았다. 높은 인기에 힘입어 유당마을은 2014년 2단지 159가구를 추가로 완공했다. 유당마을은 2단지를 증축하면서 어르신들의 건강 상태에 따라 맞춤형 케어가 가능한 주거복지복합 호텔식 실버타운으로 거듭났다. 노인들이 활기차게 즐길 수 있는 휘트니스센터, 영화관, 사우나, 강당 등 각종 취미교실, 노인전문 크리닉 등 다양한 시설도 추가되었다.

일반적으로 실버타운은 크게 도심형과 전원형으로 나뉜다. 하지만 유당마을은 이를 조화롭게 어울려놓은 도심전원형이다. 뒤로는 광교산이 위치해있고, 앞으로는 아파트를 비롯한 도심의 풍경이 보인다. 편리한 교통입지로 수원시내까지는 10분, 강남까지는 30분이면 충분해 입주자들도 가족들도 나들이 삼아 쉽게 움직일 수 있는 최적의 조건이다.

특히 실버타운과 유당케어홈, 유당너싱홈 등 입주자의 특성에 맞춘 '고밀착형 생활서비스'는 유당마을이 꼽는 최고의 인기비결이다. 우선 실버타운은 활기찬 노년생활을 즐기는 건강한 어르신들을 위한 공간으로 활용된다. 휘트니스, 사우나, 영화관, 노래방 등의 문화공간은 물론이고 각종 동호회, 취미, 문화 활동을 지원해 다양한 여가 활동을 누릴 수 있다.

실버타운에서 독립생활이 어려운, 24시간 케어가 필요한 어르신들은 유당케어홈을 이용한다. 이곳에서는 입주자의 건강한 삶을 위해 전담의사, 간호사, 물리치료사, 영양사 등 전문가에 의한 밀착 건강관리 서비스가 제공된다. 유당너싱홈은 요양등급을 받은 어르신들을 위한 서비스이다. 노인 장기요양보험급여 대상자가 되면 시설이용료의 85%를 국민건강보험공단으로부터 지원받을 수 있는 만큼 보다 저렴하게 서비스를 받을 수 있다.

이와 함께 입주자들은 개개인의 다양한 정서지원 상담서비스, 입주생활의 불편·건의사항 등을 담당하는 민원상담서비스, 생활·세무·법률 등 각종 전문상담에 이르기까지 다양한 상담 서비스를 받을 수 있다. 또 청소와 세탁 등 가사서비스, 행정대행 서비스, 차량지원 서비스, 푸드·의료 서비스도 있다.

유당마을은 한번 입주하면 생을 마감할 때까지 기거할 수 있도록 건강과 상황에 맞는 차별화된 서비스를 제공하고 있다. 특히 타운 내 의원이 개설돼 있어 입주자들의 건강을 24시간 살필 수 있다는 것도 유당마을의 장점 중 하나이다.

06

장례 산업 관련 기업

6. 장례 산업 관련 기업

가. 일본 기업[96]

1) Life Ending Technologies

코로나19는 일본의 장례문화에도 변화를 가져오고 있다. 일본의 장례식은 고인의 주변 사람들이 참석해 고인을 추모하는 의식이었다. 코로나19로 대면모임이 어려워지면서 온라인으로 추모의 마음을 전할 수 있는 신개념 서비스가 등장했다.

상조회사인 Life Ending Technologies가 제공하는 스마트 장례 서비스는 부고 알림, 온라인 추모메시지, 부의금 송금, 장례식 라이브 영상 송출, QR코드를 활용한 장례식장 참석자 관리, 답례품 주문 등을 연계하고 있다.

Life Ending Technologies의 스마트 장례 서비스를 이용하면 오프라인 장례식장에 참석하지 않고도 온라인으로 장례식 영상을 시청할 수 있고, 부의금, 조전, 헌화, 제물 등으로 추모의 마음을 전할 수 있다. 또한, 오프라인 장례식장의 참석자를 QR 코드로 관리하므로 오프라인 참석자 중 코로나19 감염자가 발생했을 경우 다른 참석자에게 연락을 취하는 기능도 제공한다.

[그림 89] 스마트 장례 서비스

---

96) 온라인으로 마음을 이어주는 日 관혼상제의 뉴노멀. KOTRA, 2020.09.09

2) 사단법인 젠유세키[97]

매년 양력 8월 15일에 돌아오는 오봉은 일본 최대의 명절 중 하나다. 이 시기에는 한국의
추석처럼 가족이 모여 성묘를 가는 등 가족 행사가 진행되나 2020년은 코로나 19의 여파로
이동 및 귀성을 제한하는 분위기가 확산되었다. 이에 일본 전국의 묘비, 묘지 관리 등 서비스
를 제공하는 일반사단법인 젠유세키 2020년 8월 1일부터 'VR 성묘' 서비스를 개시했다.

[그림 90] VR 성묘

VR 성묘는 VR을 이용한 성묘 대행 서비스로, 촬영된 성묘 영상을 VR 고글을 통해 자택에
서 볼 수 있는 체험형 서비스다. 사단법인 젠유세키에 서비스를 접수하면 전국에 분포한 약
300 여 업체의 직원이 성묘를 대행하고, 묘지 주변을 360도 카메라로 촬영, 묘지 점검 및 청
소, 향 올리기 등을 대행해준다. 서비스를 신청한 가족은 스마트폰으로 전송된 영상 데이터
및 종이로 제작된 간이 VR고글을 통해 영상을 보며 성묘 행사를 체험할 수 있다. 요금은 2
만 7,500 엔부터 책정된다.

---

97) 일본 콘텐츠 산업동향, KOCCA, 2020

3) ㈜유카엔

인생 대사 중 하나인 장례예식에 필수적으로 수반되는 추모용품의 하나가 바로 꽃이다. 고인의 생애를 존경하고 사랑과 경건의 추모를 가장 효과적으로 표현할 수 있는 수단이기 때문일 것이다. 흔히 장례문화 수준에 따라 장례꽃 디자인 수준도 높아진다.

일본에서 가장 앞서가는 생화제단 기업은 '㈜유카엔'이다. 유카엔은 1959년 도쿄에서 작은 생화 소매점으로 시작하여 창업 초기에는 5평 정도의 점포에서 지역의 고객에게 환영받고 그 때부터 관혼상제 등 다양한 생활 방면에서 꽃을 전달하는 서비스에 주력하였는데 전용 냉동차의 정비와 통일된 유니폼, 서비스 확장 등 당시로서는 선구적인 시도를 전개했다.

그 후 보다 많은 고객서비스를 위해 장식 사업이나 화훼도매, 웨딩사업, 플라워샵 개설 등을 본격적으로 전개하여 꽃에 대한 종합 기업으로 성장을 거듭하여 현재는 화훼업계 최고의 규모로 성장했다. 세계적으로 글로벌화가 진행되는 요즈음에도 고객중심의 자세를 잊지 않고 도전을 계속하고 있다.

㈜유카엔 본사 소재지는 도쿄도 세타가야구이며 연 매출은 57억 엔 종업원 수는 약 300명, 사업내용은 각종 행사의 생화 장식업, 플라워샵 등 소매점 사업, 일반 법인에 대한 플라워 사업, 호텔 점포 사업, 각종업무에 부수되는 컨설턴트 사업, 생화 중개업 등이며 서비스 시스템은 디자인 및 데이터 관리실, 필경부, 영업사무부, 업무부 등을 두고 있다. 특히 장례꽃 분야에 두각을 드러내고 있어 가족장, 개인장, 회사장, 추모식 등 최근 다양화되는 장례식의 스타일에 맞춘 생화제단을 기획, 제공하여 고객이 만족할 수 있도록 능력 향상에 노력하고 있다.

[그림 91] 유카엔 생화제단 디자인 1

유카엔은 고객의 요구에 따라 높은 수준의 작품을 위해서는 구하기 쉽지 않은 특수한 꽃들도 항상 구비해놓고 생화를 싱싱하게 보관할 대형 냉장고를 비치하여 계절에 상관없이 좋은 소재로 수준 높은 작품을 제작하고자 한다.

또한 필경실에서는 작품에 필요한 글씨를 절대로 컴퓨터를 사용하지 않는다. 고인에 대한 정성을 표시하는 뜻에서나 작품의 수준을 위해서 필요한 글씨를 하나하나 붓으로 직접 필경을 한다.

디자인 전용실에서는 생화제단의 디자인을 종합적으로 디자인하여 제단의 가장 좋은 구조와 사용할 꽃의 종류 등을 확정하여 실무 담당자들에게 넘기는 작업을 한다. 특히 대형 작품을 주문 받으면 고객의 요구에 따라 전체적인 구조와 의미에 따른 디자인 등을 연구하여 제작과 운반 및 부품의 회수에 이르기까지 많은 정성을 요한다.

나. 국내 기업

1) 프리드라이프

[그림 92] 프리드라이프

 업계에 따르면 프리드라이프의 대주주 사모펀드 VIG파트너스는 최근 매각을 위해 JP모간을 주관사로 선정하고 다음 달 예비입찰에 돌입할 예정이다. 매각 금액은 최대 2조원 수준을 희망하고 있는 것으로 알려진다. VIG파트너스가 상조업에 4,000억 원이 넘지 않는 금액을 투자한 것을 감안하면 5배에 달하는 차익 실현에 성공하는 셈이다.

 시장에서는 프리드라이프 매각을 기정사실화 하는 분위기다. VIG파트너스는 프리드라이프 인수 전 상조 업체들을 잇따라 인수하며 관련 자산을 키워왔다. 2016년 '좋은라이프'를 630억 원에 인수한 이후 2017년 '금강문화허브(60억 원)', 2019년 '모던종합상조(100억 원)'에 이어 2020년 프리드라이프를 2,600억 원에 사들였다.

 이후 프리드라이프는 2021년 좋은라이프와 금강문화허브, 2022년 초 모던종합상조와의 합병 절차를 마무리하며 상조 4개사의 통합을 완료, 명실상부한 업계 1위 기업으로 자리매김했다. 공정거래위원회에 따르면 2022년 1분기 기준 프리드라이프의 선수금은 1조 5,497억 원, 자산 1조 8,301억 원에 달한다.

 VIG파트너스의 프리드라이프 매각 결정은 업계 재편작업으로 실적이 예상보다 빠르게 개선된 점이 이유로 꼽힌다. 구조조정으로 상조업체가 줄고 있는 가운데 시장 규모는 지속 확대되면서 높은 몸값을 받기에 적기라 판단한 것.

 상조업계는 지난 2019년 자본금 요건이 기존 3억 원에서 15억 원으로 증액되면서 구조조정이 본격화됐다. 지역 단위의 영세 상조회사 폐업으로 소비자 피해가 계속되면서 공정위는 할부거래법을 개정, 업체 등록 요건을 강화하고 나선 탓이다. 이에 따라 2013년 290개였던 등록 상조업체는 2024년 5월 기준 79개까지 줄었다.

이후 옥석 가리기를 통해 자본금 15억 원이 넘고 상대적으로 탄탄한 상조업체들만이 살아남았다. 특히 2021년의 경우 코로나19로 정상적인 경영활동에 어려움을 겪었음에도 불구하고 선수금과 가입자 수 등 외형적인 성장이 꾸준히 이뤄져왔다. 2018년 4조 7,728억 원에 불과했던 상조업체들의 선수금 총액은 2021년 말 기준 7조 2,108억 원으로 약 51%나 증가했다.

프리드라이프의 재무지표도 빠르게 개선됐다. 2023년 기준 영업 이익은 77억 원으로 2022년 31억 대비 2배 가량 증가했다. 또한, 당기 순이익은 64억 원으로 2022년 33억 원 대비 크게 증가했으며 지난 영업 손실은 2020년 480억 원에서 2021년 173억 원으로 약 64% 줄었고, 같은 기간 영업외이익 또한 208억 원에서 448억 원으로 115.4%늘었다. 이에 힘입어 순이익도 -339억 원에서 82억 원 흑자전환에 성공했다. 2021년 말 부채비율도 88%로 상조업체 전체 평균 105%를 훨씬 밑돌았다.

이에 따라 VIG파트너스는 2021년에도 프리드라이프 지분 10%를 5,000억 원에 마스턴파트너스에 매각한 바 있다.

한편, 시장에서는 프리드라이프와 함께 양대 상조업체로 뽑히는 보람상조그룹이나 대명소노마그룹의 대명스테이션, 교원그룹의 교원라이프, 더케이예다함상조 등이 매수 전에 나설지 촉각을 기울이고 있다.

업계 관계자는 "규모의 경제를 꾀하는 경쟁사들이나 또 다른 사모펀드가 인수전에 뛰어들 가능성이 있다."면서 "업계 1위가 매물로 나옴에 따라 순위 변동은 물론이고 업체수도 대형업체를 중심으로 줄어드는 등 지각변동이 예상된다."고 말했다.[98]

---

98) 뉴데일리경제 '프리드라이프 새주인 찾는다... 상조업계, 지각변동 예고'

2) The-K 예다함상조

[그림 93] The-K 예다함상조

 The-K예다함상조가 한국표준협회에서 주최한 '2022 소비자웰빙환경만족지수(KS-WEI)' 장례 서비스 부문에서 7년 연속 1위에 올랐다.

 The-K예다함상조는 한국교직원공제회가 업계 최대 자본금 500억 원을 전액 출자해 설립한 상조회사다. '페이백 시스템', '부당행위 보호시스템', '상조 납입금 안전책임시스템', '전국 직영 운영 시스템' 등을 통해 합리적이고 투명한 상조 서비스를 제공하고 있다. 고객의 납입금을 보호하기 위해 업계 최다인 6개 시중은행과 지급보증계약을 체결하고, 한국교직원공제회의 연대지급보증까지 2중 안전망을 구축했다.

 또한, 장례 산업 발전을 위한 인재 육성에도 공을 들이고 있다. 전국 5개 대학의 장례 관련 학과에 정기적으로 장학금을 수여하는 게 좋은 예다. 또 장례 관련 학과 졸업생과 국가자격증인 장례지도사 자격증을 취득한 인재들을 정규직으로 채용하고 있다. 이를 통해 전국 9개 지부 직영점의 모든 장례 절차에서 높은 품질의 서비스를 제공하고 있다.

 이어 사회공헌활동 및 'CSV(공유가치 창출)' 프로세스를 구축해 지역사회의 복지 개선에도 힘을 쏟고 있다. 복지 사각지대에 놓인 입양기관의 영유아 및 어린이와 노인 1인 가구, 차상위 계층 등 잠재적 빈곤층들에게 직접적인 도움을 주기 위해 '성가정입양원'과 무료 진료 자선의료기관인 '요셉의원'에 기부금을 전달한 게 그 일환이다.

 현재는 한국교직원공제회와 함께 전국 초·중·고등학교장의 추천을 받은 저소득 조손가정에 장례 서비스를 무상으로 지원하고, 대한소방공제회를 통해 순직소방관들의 유가족들에게 위로금을 전달하는 등 사회공헌활동을 활발히 펼치고 있다.[99]

---

99) 한경경제 'The-K 예다함상조, 고객 납입금 지급보증, 장례학과 지원 인재육성'

3) 보람상조

[그림 94] 보람상조

보람그룹은 '2022 고객신뢰도 1위 프리미엄 브랜드대상'에서 보람상조가 상조서비스부문 대상을 수상했다고 밝혔다. '고객신뢰도 1위 프리미엄 브랜드대상'은 고객들로부터 최고의 신뢰와 가치를 인정받는 브랜드를 선정, 소비자에게 올바른 가이드를 제공하기 위해 제정됐다. 사전조사와 소비자 리서치, 빅데이터 선별조사 후 심사위원들의 엄정한 심사를 거쳐 보람상조가 수상 브랜드로 선정됐다.

창립 32주년을 맞은 보람상조는 그동안 상조업계를 선진화했다는 평가를 얻고 있다. 보람상조는 '상조업계 최초 가격정찰제', '링컨 콘티넨탈·캐딜락 에스컬레이드' 장의리무진 도입, 전국 장례행사 직영센터 운영, 장례 의전 도우미 운영, 사이버 추모관·모바일 부고 알림 등의 서비스들을 업계 최초로 시행했다.

뿐만 아니라 국가자격증 교육기관인 '보람장례지도사교육원'을 직영 운영하면서 장례 전문가도 육성하고 있다. 내 부모, 내 형제처럼 정성을 다하는 마음으로 고인과 유가족을 모시는 인재를 배출하고 있는 것이다. 보람상조는 현재 장례지도사와 의전관리사 등 전문 장례인력 5,000여 명을 보유하고 있다.

보람상조는 업계 최다 누적 고객 수(2021년 말 기준 약 261만 명), 업계 최다 장례행사 경험(2022년 4월 기준 약 25만 건)이라는 지표로 국내를 대표하는 상조브랜드로 자리매김했다.[100]

최근에는 보람상조가 대한민국특전사동지회(이하 특전사동지회) 20만 회원에게 고품격 상조서비스를 제공한다고 밝혔다.

특전사동지회 전용 상품으로 만들어진 '검은베레 550'은 장례서비스를 비롯해 크루즈, 해외여행, 웨딩, 결혼정보 등 보람상조의 다양한 서비스를 선택 이용할 수 있도록 구성됐다. 장례서비스 이용 시 3단 근조화환과 일회용품 등이 무상으로 지원되며, 특전사동지회 근조기도 제공된다. 또한 장의리무진과 장의버스도 거리 무제한으로 이용 가능하다.

---

100) 전자신문 '보람상조, 고객신뢰도 1위 브랜드 선정'

또한 보람상조 직영 장례식장 및 제휴 장례식장 최대 50% 할인, 회원 전용 쇼핑몰 '보람몰' 및 쇼핑몰 내 리워드(납부금의 5%) 서비스 이용, 보람 하나카드 청구할인 등 다양한 혜택이 주어진다. 더불어 특전사동지회 회원들에게는 70만 원 선 할인을 제공해 총액 550만원 상품을 480만원에 이용할 수 있게 했다.

김기태 보람상조라이프 대표는 "한평생 국가를 위해 헌신해온 20만 특전사동지회 회원들이 보람상조를 통해 쉼과 회복, 위로를 얻길 바란다."며 "앞으로 고품격 서비스 제공에 최선을 다할 것"이라고 전했다.[101]

---

101) 이코노미스트 '보람상조, 20만 특전사 위한 맞춤형 상조 상품 출시'

07

결론

7. 결론[102]

 전 세계적으로 저 출산·고령화 시대가 도래 하고 있는 만큼 시니어산업은 앞으로 지속적으로 성장할 산업 중 하나로 꼽힌다. 특히, 과거와 다르게 '액티브 시니어', '오팔세대' 등 IT기기를 능숙하게 다루며, 안정된 경제력을 바탕으로 다양한 소비의 축으로 노년층이 떠오르면서 시니어산업은 전망이 밝은 산업이라고 할 수 있다.

 전 세계적으로 빠르게 고령화가 진행되고 있지만, 특히 한국은 급속한 고령화의 영향으로 인구의 구성이 빠르게 달라지고 있다. '2023 통계청 고령자 통계'에 따르면, 2022년 한국 전체 인구의 18.4%인 950만 명이 65세 이상 고령인구로, 이 비중이 계속 증가해 2030년에는 25.5%를 돌파한 후 2040년에는 34.4%를 2050년에는 40.1%로 처음으로 40%를 넘어설 전망이다.

 또한, 최근 시니어산업이 4차 산업의 핵심기술인 사물인터넷(IoT), 모바일과 인공지능의 발달, 코로나19로 인한 비대면 서비스의 확대로 인해 더욱 성장하고 있다. AI, IoT, ICT 등 4차 산업의 핵심기술의 시니어산업에 접목되면서 복지기술의 발전이 촉진되고 있으며, 특히 노인과 장애인을 위한 응급알림시스템, 스마트플러그에 기반한 독거노인 돌봄서비스, AI 돌봄로봇 등과 같은 복지기술은 이미 국내의 돌봄 서비스에서 활용하고 있다.

 최근 시니어산업은 질병치료·재활중심에서 개인화·소형화된 측정 및 일상생활 모니터링, 원격 건강관리 서비스 등 예방 및 건강관리 중심으로 전환되고 있다.

---

102) 고령친화산업 현황과 해외사례, 경기복지재단, 2020.12

핵심기술	관련기술	주요내용	관련제품 및 기업
IoT	반도체, 센서 및 통신기술, 가전제품 등	고령자 가정의 방범, 가전 및 냉난방, 조명 제어 등	삼성전자, 홈킷(Apple), LG전자, SK텔레콤, KT, LG유플러스
Mobile	IoT연계 소프트웨어, 모바일 어플리케이션 등	고령자 식단 및 건강관리, 병원진료 예약	fitbit, Apple, 삼성전자, LG 등
Big Data	데이터마이닝, 텍스트마이닝, 감성분석 등	고령자 의료정보 및 라이프로그 데이터 수집 필요	메디사피엔스, DNA링크
AI (소프트웨어)	전문가시스템(Expert System),기계학습(Machine Learning), 퍼지이론(Fuzzy Theory) 등	고령자 맞춤형 의료, 질병예측, 예방	Siri(Apple), Watson(IBM), 알파고(google), 인실리코, 루닛
Robot (하드웨어)	센서, AI, 통신, SW콘텐츠 등	수술용로봇, 간병 및 노인생활보조 가능	Honda, 소니, 소프트뱅크, 바이두(챗봇)

[표 22] 4차 산업 주요 핵심기술과 고령친화산업 적용 전망

우리나라의 고령친화산업은 영세한 중소기업 형태의 제조업체들이 주로 활동하고 있어 기술경쟁력 확보 등을 통해 시장에 민첩하게 대응하기 어려운 상황으로 스타트업 육성·지원 전략 등 필요하다. 특히 시장형성 과정에서 수입제품 중심의 유통 기반 산업구조가 자리 잡아 국내 제품의 생산기반이 취약하고 자체적인 혁신제품 개발 역량이 미비한 현 상황에서 이처럼 파편화된 시장을 빠르게 혁신할 수 있는 해결책으로, 작은 시장에서도 성과를 달성할 수 있는 스타트업을 육성하는 창업 전략이 중요하다.

또한, 중소업체 중심의 시장에서 기존 업체와 기술력과 아이템을 보유한 스타트업의 협력을 지원해 고령친화 용구·용품의 혁신적 발전을 도모하는 정책이 필요하다. 국내의 중소기업 중심의 시장구조와 스타트업들의 다양하고 혁신적인 제품개발 역량이 결합해 창업 활성 효과를 극대화할 수 있을 것이다. 특히 영세 중소기업 중심의 국내 고령친화 용구·용품 시장 구조는 신규 창업자의 시장 진입 을 위한 유리한 조건으로 활용될 수 있다.

마지막으로, ICT 기반의 융·복합이 활성화되는 트렌드에 따라 제품-제품, 제품-서비스를 연결하는 융·복합형 용구·용품 개발의 필요성이 확대되어야 한다. 노인 사용자 및 보호자들이 일상생활에서 겪는 여러 가지 문제들을 해소하기 위해서는 다기능 기기와 고기능 용구의 역할이 중요하다. 현재 고령친화용구·용품은 신체적 기능이 저하된 노일을 대상으로 하고 있어 장애인용 재활보조기구와 중복되며 일반 용품 시장과는 구분되는 특수하고 제한적인 시장을 형성하고 있다. 이러한 특수성은 유니버설 디자인을 채택한 용구 및 용품으로 대중화에 한계가 있으며 노인의 다양한 수요에 부응하기 어려운 문제로 귀결된다.

이에 첨단 ICT를 접목한 융·복합형 용구·용품의 개발 및 공급을 통한 고령친화 용구·용품의 품질고도화와 신산업 영역 개척 전략이 필요하다.

08

참고문헌

8. 참고문헌

1) 한화생명 블로그
2) 인구구조 변화와 부동산시장, 이지스자산운용
3) 고령사회 기준(65세 이상): 연소인구사회(0%이상-4%미만), 성숙인구사회(4%이상-7%미만), 고령화사회(7%이상-14%미만), 고령사회(14%이상-20%미만), 초고령사회(20%이상)
4) 출처 : 조선일보 홈&리빙 2014.02.27.기사
5) 통계청(2022)「2022년 6월 인구동향조사」
6) 기획/ 사상 첫 인구 '데드크로스'…상.장례산업 전망은, 상조매거진, 2021.08.02
7) 고령화 사회의 실버산업 육성방안, 고령화 사회의 국토정책 방향
8) 실비신입 해외사례와 활성화 전략, KIRI, 2020
9) 디멘시아뉴스 'VR치료, 이상행동 특효약? 세계는 가상현실 삼매경'
10) 6차산업: 농촌의 유무형 자원을 활용한 제조·가공의 2차산업과, 체험·관광 등의 서비스 3차산업의 융복합을 통해 새로운 부가가치와 지역 일자리를 창출하는 개념
11) 브라보마이라이프 '日 총인구 15% 75세 넘어… 노인 인구 역대 최다 기록'
12) 일본 실버시장을 잡아라, KOTRA, 2020.05.28
13) 골드플랜21 : 치매성 고령자 지원 대책, 종합 질병 관리 추진, 지역생활 지원체제 정비 등 노인 복지증진을 위한 각종 대책 마련을 위한 정책을 말한다.
14) 개호보험제도 : 40세 이상을 전원 피보험자로 하는 강제적 사회보험제도로 보험료 납부 시 각종 시니어 서비스를 저렴하게 이용할 수 있다.
15) 일본, '똑똑한 개인비서' 서비스 로봇이 뜬다!, KOTRA, 2021.01.26
16) 日 '엔딩 산업' 54조원 육박…죽음 박람회 늘 만원, 이코노미조선, 2020.02.03
17) 출처 : 뉴스핌 2017.10.23.기사
18) [더오래]가족장·1일장·온라인 영결식…간소화하는 日장례문화, 중앙일보, 2021.05.02
19) 조선비즈 인터넷 뉴스 2017.07.05.기사 <2억2000만 '노인 大國 중국…실버산업, 新성장산업으로 뜬다>
20) 경향신문 '중국 "3년 안에 60세 이상 인구 3억명 돌파"…빨라지는 고령화 속도에 대응 부심'
21) 이장훈 국제문제 애널리스트 '패권 야심 中 최대 걸림돌, 저출산-고령화 폭탄'
22) 중국의 노인인구 현황 및 시사점 -중국의 젊은 노인을 잡아라-, 한국무역협회, 2021.06.24
23) CSF중국전문가포럼 '[동향세미나] 중국, 14차 5개년 국가 실버경제 육성을 위한 계획 발표'
24) CSF중국전문가포럼 '中 '실버 관광' 현황과 신 트렌드'
25) CSF증국전문가포럼 '[월간특집-산업편] 성장 잠재력이 큰 중국의 양로산업'
26) 블루오션으로 떠오르는 중국 양로 서비스 시장, KOTRA, 2020.11.27
27) 삼무(三无): 노동능력, 생활 근거지, 법정 부양인이 없는 사람으로 주로 호적지 이외 타지에서 일하는 사람을 가리킴.

28) 오보(五保): 주로 농촌에서 생활능력이 없는 세대나 개인을 위한 의.식.주.의료.장례 등 다섯 가지에 대해 혜택을 받는 대상을 말함.

29) CSF중국전문가포럼 '[동향세미나] 중국, 14차 5개년 국가 실버경제 육성을 위한 계획발표'

30) 마지막까지 폐 끼치기 싫어서 이렇게 합니다, CCBB, 2020.11.10

31) 네이버포스트 '흥정 어려운 탓... 수익률 높다는 중국의 이 산업은?'

32) 출처 : kotra 해외시장뉴스. 2014.05.30.기사

33) 아이는 못가르쳐도... 중국 애완동물 시장 로켓 성장 유망 섹터 주목, 뉴스핌, 2021.06.21

34) 출처 : 시니어타임즈 2015.08.20.기사

35) 글로벌이코노믹 '[초점] 美 인구 올해 소폭 증가…이민자 급증 덕분'

36) 美 시장규모 3조 달러... 日 인구비중 24%... 시니어의 경제력, 신규사업의 금맥!, DBR, 2012.09

37) STV뉴스중심 '세계 장례업 연평균 장례업 수익률 3.2% 평균 6년치'

38) 상수리나무선교회

39) 하늘문화 '미국장례비 평균 8000불, 비용저렴 절차간단 화장 증가'

40) 출처 : 매경이코노미

41) 출처 : 상조장례뉴스

42) 출처 : 중앙일보뉴욕 2014.09.16.기사

43) 출처 : LA중앙일보

44) 출처 : 한국일보 2017.08.19.기사

45) 장례문화도 친환경 바람...흙으로 돌아가는 '녹색매장', 뉴스트리, 2021.03.26

46) 출처 : KOTRA 해외시장뉴스

47) 출처 : 앞과 동일

48) 출처 : 앞과 동일

49) 출처 : KOTRA 해외시장뉴스

50) 출처 : KOTRA 해외시장뉴스

51) 치유농장 케어팜 국내 확산…실버산업 미래로 '주목', 디멘시아 뉴스, 2020.03.04

52) 전라북도 고령친화도시 조성의 필요성 및 과제, 전북연구원, 2020.05.21

53) 독일, 온라인 실버 서퍼 수요를 노려라, KOTRA, 2021.02.02

54) 시니어신문 '독일, 고령인력이 나라 살린다...민간단체 중심 활발한 사회활동 유지'

55) 글로벌경제 '포스트코로나 시대, 투자 테마는 노인 소비'

56) 인도 실버시장의 등장과 주요 트렌드 소개, KOTRA, 2021.02.01

57) 세무사신문 '50년뒤 한국인구 절반이 65세 이상 노인...세계서 가장 늙은 국가'

58) 트로트 열풍으로 보는 오팔세대의 부상과 팬덤경제, 하나금융그룹, 2021.02.26

59) 미국 시카고대학의 심리학 교수였던 뉴가튼(Neugarten, B. L.)은 75세이후를 노인으로, 40~49세의 은퇴를 앞두고 준비하는 세대를 프리 시니어(Pre-Senior), 50-75세의 경력, 경제력 및 왕성한 소비력을 갖춘 세대를 액티브시니어(Active-Senior)로 정의했다.

60) 욜드(Young-old) 또한 일본에서 처음 만들어진 신조어로 1946~1964년 태어난 베이비붐 세대가 주도하는 '젊은 노인층'을 가리킨다. 이 세대는 건강하고 부유하며 그 규모도 커 은퇴 후에도 사회·경제·정치적으로 큰 영향력을 미칠 것으로 예상되며, 최근 이코노미스트는 2020년 세계경제대전망(The World in 2020)을 통해 욜드집단을 지금까지 존재했던 어떤 노인 집단과도 다르다고 평가하며 이들 세대의 선택이 각종 서비스 분야와 금융시장, 유통 트렌드까지 뒤흔들 수 있다고 전망했다.

61) 매일노동뉴스 ''매년 3% 증가' 신중년, 재취업시 하향 취업 뚜렷'

62) 출처 : 한국보건산업진흥원 <고령친화산업 REPORT. 2015-1>

63) 통계청(2022) '2021년 장래인구추계를 반영한 세계와 한국의 인구현황 및 전망'

64) 복지타임즈 '초 고령사회의 새로운 성장 엔진, 고령친화산업 발전을 위한 제언'

65) 고령친화산업 현황과 해외사례, 경기복지재단, 2020.12

66) 출처 : 한국의 시니어 그리고 시니어 비즈니스

67) 출처 : 뉴스핌 : 2017.11.21.기사

68) 파이낸셜뉴스 '7兆 상조시장, 1위는 나…보람상조 vs 프리드라이프 신경전'

69) 출처 : 한국경제매거진 2017.09.27.기사

70) 한국장례협회

71) '크루즈 끼워 팔기' 상조업체 규제 회피 꼼수 꼼짝마!, 일요신문, 2021.08.05

72) 출처 : 한국일보 2017.08.24.기사

73) 약사공론 '가족 있어도 거부 무연고 사망자 매년 증가'

74) 출처 : 시선뉴스 2017.10.14.기사

75) 경기도의 죽은자 위한 복지 '무연고자 장례지원'…전국에서도 화두, 경기신문, 2021.07.29

76) 출처 : 아시아경제 2017.05.31.기사

77) 출처 : STV 2016.11.07.기사

78) NICE디앤알 「2022 국립묘지 안장관련 국민여론조사 보고서」

79) 출처 : 상장례산업뉴스 2016.10.31.기사

80) 출처 : 푸드경제TV 2017.01.06.기사

81) 쇼핑하면서 2초 만에 셀프결제…줄 안서는 日 대형마트 [정영효의 인사이드 재팬], 한국경제TV글로벌, 2021.03.08

82) 일본 실버시장을 잡아라, KOTRA, 2020.05.28

83) 일본 실버시장을 잡아라, KOTRA, 2020.05.28

84) MEDI:GATE NEWS '한국시니어연구소, 코엑스 레하홈케어 2022 참가'

85) 중국의 노인인구 현황 및 시사점 -중국의 젊은 노인을 잡아라-, 한국무역협회, 2021.06.24

86) 3甲 병원: 중국에서 가장 높은 등급의 병원으로 501개 이상의 병상을 보유해야 한다.

87) 의학신문 '중국 가정용 의료기기 시장, 잠재성장력 크다'

88) 상하이 양푸취의 CCHC의 경우 약 10㎡ 면적의 공간을 활용하여 노인들 심전기, 혈압기,

혈당기 등 의료기기 사용이 가능하며, 식사 서비스, 노후 도우미 정기 방문 서비스, 건강 및 심리소통 상좌 등을 매우 진행하고 있다.

89) [더오래]고령 부모 모시는 자녀 돕는 해외 서비스, 중앙일보, 2020.08.08

90) 출처 : 한국의 시니어 그리고 시니어 비즈니스

91) CSV : Creating Shared Value (공유 가치 창출)

92) CSR : Corporate Social Responsibility (기업의 사회적 책임)

93) [시니어케어제품] 유한킴벌리, 간병케어 신제품 출시, 이모작뉴스, 2020.09.09

94) 함께일하는재단, 유한킴벌리와 시니어 소셜벤처 '임팩트피플스' 출범, LifeIn, 2020.08.13

95) 활기찬 노후생활 돕는 ㈜사랑과선행, 기호일보, 2021.07.21

96) 온라인으로 마음을 이어주는 日 관혼상제의 뉴노멀, KOTRA, 2020.09.09

97) 일본 콘텐츠 산업동향, KOCCA, 2020

98) 뉴데일리경제 '프리드라이프 새주인 찾는다... 상조업계, 지각변동 예고'

99) 한경경제 'The-K예다함상조, 고객 납입금 지급보증, 장례학과 지원 인재육성'

100) 전자신문 '보람상조, 고객신뢰도 1위 브랜드 선정'

101) 이코노미스트 '보람상조, 20만 특전사 위한 맞춤형 상조 상품 출시'

102) 고령친화산업 현황과 해외사례, 경기복지재단, 2020.12

초판 1쇄 인쇄 2023년 1월 10일
초판 1쇄 발행 2023년 1월 23일
개정판 발행 2024년 8월 22일

편저 비피기술거래 비피제이기술거래
펴낸곳 비티타임즈
발행자번호 959406
주소 전북 전주시 서신동 832번지 4층
대표전화 063 277 3557
팩스 063 277 3558
이메일 bpj3558@naver.com
ISBN 979-11-6345-630-8(93330)
가격 66,000원

이 도서의 국립중앙도서관 출판예정도서목록(CIP)은 서지정보유통지원시스템 홈페이지
(http://seoji.nl.go.kr) 와국가자료공동목록시스템 (http://www.nl.go.kr/kolisnet)에서 이용
하실 수 있습니다.